花の楽しみ
育て方
飾り方

吉谷桂子

主婦の友社

Contents

花の楽しみ 育て方 飾り方

はじめに 06

Part 1
植物に癒やされる
花のある暮らし　　08

まずは、
いちばんよく見えるところに花を　10
> Column　ウインドウボックス　12

玄関前の花に出迎えられて　14
> Column　鉢の高さを生かして、トールポット　16

ガーデンテーブルに飾る　18
> Column　浅い鉢ならではの、寄せ植えを　20

室内に飾る　22
> Column　カバーさえあれば　24

咲いた花を飾る　26
植物コレクションを飾る　28
> Column　ぜひ、やってみて！
> 3鉢並べて絵になる飾り方　30

Part 2
キーワードは、楽に育てて飾る
おすすめの植物　32

Flower	1	ゼラニウム	34
Flower	2	アネモネ	36
Flower	3	プリムラ	38
Flower	4	ラナンキュラス	40
Flower	5	ラナンキュラス'ラックス'	42
Flower	6	トレニア	44
Flower	7	インパチエンス、ニューギニアインパチエンス	46
Flower	8	ジニア	48
Flower	9	ペンタス	50
Flower	10	パンジー、ビオラ	52
Flower	11	ダリア	54
Flower	12	チューリップ	56
Flower	13	ほったらかし球根	58
Flower	14	ハボタン	60
Flower	15	シクラメン	62
Flower	16	日本の在来種	64
Succulent	1	多彩な多肉植物	66
Succulent	2	センペルビウム	68
Leaf	1	アイビー	70
Leaf	2	クローバー	72
Leaf	3	ヒューケラ	74
Leaf	4	カルーナ	76
Leaf	5	オウゴンセキショウ	78
Leaf	6	リュウノヒゲ	80
Leaf	7	コリウス	82
▶ Column		1株を立派に育てる	84
▶ Column		作りやすい3ポット、4ポット	86
▶ Column		かわいい挿し芽、タネまき	88
▶ Column		花を育てる便利な道具	90

Part 3
園芸――手作りをプラスして
広がる花の楽しみ　92

トピアリーを作る	94
クッキー型で作る多肉植物	96
貝殻、卵の殻に多肉植物	98
押し花のタブロー	100
ドライフラワーで帽子飾り	102
ガーデニング仕様の蚊取り線香＆日よけ	104
ポット苗をプレゼントに	106
同じ形の缶を並べてラベリング	108
意外に大切な支柱	110
バードフィーダーを庭に	112
花を身にまとう――花モチーフをフェルト刺繍	114
花柄をビーズで飾る	116

Part 4
自分が育てた花を撮っておく
～絵になる風景のつくり方　118

庭に絵になる壁をつくる	120
最初につくるなら、白壁	122
写真映えする壁の色	124
「絵になる風景」を写真で切り取る　構図と色を選んで	126

はじめに

　できる限り美しいものを、眺めたい――。年々、その思いは強くなる一方です。旅に出るのも美術館を訪ねるのも、それは、美しいものを見たり、体験したいからです。でもそれは、非日常のこと。もっと日常で、美しい世界の住人になることはできないものでしょうか。実は、暮らしの中で最も手軽に美しい世界をつくることができるのが「花」だと思えてなりません。

　花は見るだけで癒やされます。いうまでもなく、お祝いやお見舞い、お悔やみなど、人生のさまざまな場面に、なくてはならない存在です。その具体的な効果を数字で表すことはできませんが、私たちの愛する花が、人生にとって大切な必需品であることは、多くの方が認めてくださることでしょう。だからこそ、花の楽しみ方の中で、飾り方が、育て方と同じくらい大切だと感じています。すてきに咲いた花も、飾り方に心を配ってこその美しさです。

　花を育て、美しく飾る。眺める。誰かに見せる。花で人とのつながりを広げていく――。日々の暮らしを花で豊かにしていくためのアイデアを本書に詰め込みました。今まで花を育てたことはなくても、まずは1ポットの苗を買って飾ってみることから始めてみてはいかがでしょう。日々の水やりや手入れで、みごとな花を咲かせられる日は、必ず来ます。人生のすべてを思いどおりに切り抜けるのは難しいけれど、思いどおりに、いえ予想した以上に花を咲かせることは必ずできます。その日、目覚めて最初に、かわいらしく咲く花を目にできたなら、その日が幸せなスタートになることは間違いありません。そして、大切なのは、そんな日々を積み重ねていくことだと思うのです。

Part 1

植物に癒やされる
花のある暮らし

　朝、起きて、ふと窓の外に目をやると、満開の花が見える。実はそれ、1鉢の植木鉢に咲いた花の景色なのだけれども、それだけで、1日を幸せにスタートすることができます。この、心を癒やす贅沢にかかるコストは、年に二度か三度買う数百円の花苗だけ。おそらく1回のランチより安く済みます。ただし、好きな花を思いつきで買ってくる前に、どこにどんなふうに飾るかが、美しい世界をつくるためには大切。場所は屋外か室内か、ひなたか半日陰か。窓辺なのか玄関なのか。場所によって選ぶべき植物が変わってきます。そのうえで、それぞれの環境に合った、あまり手間のかからない、なるべく安定して長めに咲いてくれる植物を選ぶこと。自分の色の好みや花のもっている雰囲気、季節と環境に合った植物を選び、その飾り方をちょっと工夫するところから、美しい眺めのある豊かな暮らしは始まります。

リビングルームからいちばんよく見える場所に置いたイベント出品用の花たち。春は気温の上昇とともに満開になる花から目が離せない。

ベランダがよく見える2階の窓際に書斎を移動してから、花を見る回数がふえ、花がら摘みも水やりも、まめにできるようになった。

まずは、いちばんよく見えるところに花を

　花が元気よく育つために必要な基本の三カ条は、日当たりと風通し、そして、水はけのよい土に植えること。でも私の思うに、最も大切なのは、花を見ること。2〜3日花を見なかったら、留守をしたのと同じ。もちろん、数日間留守をしても枯れない植物には感謝ですが、花の命は限りあるもの。咲いた花は見なくちゃ損だし、花がら摘みや水やりが必要かどうかは花と目が合って初めてわかります。いつも思うのですが、花を楽しむのに広い庭は必要なく、まずは、自分の暮らしにいちばん近い場所、ベランダや窓辺など、最もよく見える場所で花を育てることが、花育ての最高のコツ。見れば見るほど、花はうまく咲くように思います。

> Column

Window Box
ウインドウボックス

　ヨーロッパで初めて目にしたウインドウボックス。その歴史は古く、すでに紀元前1世紀のローマ帝国にウインドウボックスがあったとか。それゆえにヨーロッパの建築様式に、最初から植木鉢の置ける窓がついていたこともウインドウボックスが広まった要因です。花を育てるのに、これほどよい場所もほかになく、私たち夫婦が家を建てるときは、ほとんどの窓にウインドウボックスのスペースをつくったほどです。建物の窓辺は、地面に比べ、日当たりや風通しがよく家の中からも花が見えます。水やりもしやすく、家に花を添えるように飾ることができて、外からの視線もさりげなく遮るなど、いいことずくめです。日本の住宅にもウインドウボックスつきの家がふえてほしいものです。

自宅の中で草花が最も元気に育つのがこの窓辺。11月に植えたスイセンの球根とパンジーが4月に満開となるが、日当たりも風通しもよいので、アブラムシなどの害虫も少ない。

in England

建物の白壁に映える濃ピンクのゼラニウムを中心に、ブルーのロベリア、ラベンダー、白に近い淡いピンクのフクシアの寄せ植え。夏の終わりまで、あふれるように大きく育つ。

コニファーを中心にブルーのロベリア、ピンクのカリブラコア3種の寄せ植え。肥料がたくさん必要だが、風通しのよい場所だからこそ、蒸れずに大きく生長している。

イギリスの湖水地方の村で見かけたキンギョソウを中心としたウインドウボックス。カントリーサイドならではの、カジュアルな寄せ植え。両サイドの古靴に植えられた花にもご注目を。

連続して花が並ぶ窓辺はロンドンの銀行。ここの企業カラーは青だが、それをアジサイで表現していて心にくい。わき役に白いサフィニア。あまり日当たりのよくない場所でも咲いていた。

わが家の玄関。冬は日ざしが奥まで届き、玄関前で植物が育てやすい。コニファー、シロタエギク、シクラメン、ベアグラスを左右対称に植えて。

日当たりのよい別の場所で栽培してきた寄せ植え。きれいに咲いたところで、半日陰の玄関前に移動して飾る。花が終わりかけたらまた移動して。フリージア、ラナンキュラス、ネメシアが満開。

玄関前の花に出迎えられて

　家のドレスアップに一役買うのが、玄関前の植木鉢です。外からは見えにくい内庭のどこかに鉢を置くのとは、まったく意味が違います。人から見られていることを意識して、かなり意図的に家を飾るために置くものでなければなりません。私も、玄関まわりだけは、いいかげんな寄せ植えや、花が終わりかけた鉢などを置かないように気を使います。間違いなく家の前を通る人々の目に入り、家を訪問する人にとっては歓迎の証しの植物だからです。そんなわけで、コニファーや葉ものを中心としたローメンテナンスな寄せ植えか、一時的に美しく咲いた花を、そのときだけ「飾る」のもよいでしょう。玄関は特別な場所と考えて。忙しかったり適切なものが用意できないなら、玄関前には植物を置かないのも選択肢です。

Column — Tall Pots

鉢の高さを生かして、トールポット

　高さや大きさのある植木鉢は、それだけで庭の眺めの焦点、フォーカルポイントになります。当然ながら存在感があるので、植えられた植物も、ほかの植物よりいっそうの注目を集めます。また、大きさや深さのある鉢には土がたくさん入り、根の張るスペースにゆとりがあるため、植物がゆったりと長い時間をかけて大きく育ちます。高さがあるので、植える植物のフォルムは「立ち上がる・横に広がる・下に垂れる」と三拍子がそろった植物を効果的に整えることができます。庭のアクセントに植木鉢を置くなら、まずはトールポットがベストです。

北海道の銀河庭園で、ナスタチウム'エンプレスオブインディア'が、ニューサイランの株元で大きく育った。高さのある鉢は風通しがよく、多湿が苦手な植物にも向いている。

フリチラリア・ペルシカのように高くなる植物を植木鉢で育てるなら、その高さに負けないボリュームのトールポットがバランスよく、眺めのアクセントにもなる。

トールポットに植わったフウチソウが、構築物として、立派なゲートの役割を担っている。かたわらの地植えのギボウシとのコンビネーションも完璧。個人のオープンガーデンにて。

白いテーブルには、冬〜春はプリムラ、イベリスなど。夏は白花のベゴニアやゼラニウムが定番。肝心なのは、長く咲く花を飾ること。

シシングハースト城（イギリス）のあまり日の当たらない軒下。受付前のテーブルにストレプトカーパスの大株が。目の高さに咲くからこそ、人の目に触れやすい。

テーブルの上の鉢は、センペルビウム。背後のベンチも手前に見えるギボウシも完璧な絵になる眺め。イギリス・ストーンエイカーにて。

ガーデンテーブルに飾る

　ベランダやパティオがあるなら、インテリアの一部と捉えて、椅子とテーブルを置きませんか。部屋のテーブルに花瓶を飾るように、ガーデンテーブルには、鉢花を……。これほど簡単で、絵になる庭のつくり方もありません。それさえあれば、庭に出る理由が生まれ、庭は植物が育つだけの場所ではなくなり、立派なアウトドア・リビングルームの誕生となります。そのうえ、テーブルの上は植物が育つうえで都合のよいことがいっぱい！　テーブルの上なら、鉢花は地面に直接置くよりも、日当たりや風通しが格段によくなるからです。また、地面に鉢を置くより目が届き、手入れもしやすいので、テーブルトップなら、少し繊細な植物を育てるのもおすすめです。

| Column | **Shallow Pots**

浅い鉢ならではの、寄せ植えを

　当然のことながら、浅鉢は深鉢より土が入らないので、植えられる植物の種類や数が限られますが、植えつけのために準備する培養土が少量で済み、軽量なので、日当たりや日陰などへの移動も簡単。浅い鉢は風などで倒れる心配も少なく、棚やテーブルの上に飾るにはうってつけの形です。植えつけに適しているのは、半年以内の短期間で楽しむ寄せ植えや、生長の遅い植物。多肉植物や根腐れしやすい植物、根を深く張らない植物などに最適です。逆に、根を深く張らせたいバラのような植物や夏の草花のように旺盛に育つタイプには向きません。また、植木鉢の高さの2倍以上に高く育つ植物は、鉢と植物とのバランスが悪くなるのでＮＧ。Part2のおすすめ植物の項目をご参考に。

テーブルに飾る寄せ植えはゼラニウム、マーガレット、ステラ（バコパ）、アイビーなど。浅鉢は水はけがよく乾きも早いが、その分「新陳代謝」がよく、肥料を欠かさなければよく花が咲く。

プリムラは浅鉢に適した冬の花材。横に広がるセダムやクローバーをわき役にカレックスがアクセント。素焼き鉢の色に合わせた寄せ植え。

浅鉢には主に横に広がる草花が適しているが、ヒューケラもその代表。プリムラで色をつなげ、その背景に立ち上がるビオラを寄せ植え。

リバティ・プリントでそろいのテーブルクロスを。ストレプトカーパスは一年中室内で飾る鉢花なので、紙と布で鉢カバーをこしらえた。

南向きのリビングルーム。白い陶製の置き物や雑貨を飾るコーナーに白花のストレプトカーパス3株。ポット苗のまま鉢カバーにセット。

室内に飾る

　植物は本来、屋外で育つものですが、強い光を好まない草花や、その植物の環境適正により、家の中で育てたほうがうまくいくことがあります。ひと言で家の中といっても、光量のある場所と弱い場所がありますが、実際に、家のどの場所が最適なのかを見極めることが必要です。壁が明るい色か暗い色かでも、植物の光合成の度合いが変わるので、なるべく明るい場所を探しましょう。そんな家の中でも花を楽しめるのは、ランの仲間や、シクラメン、セントポーリア、ストレプトカーパス、サイネリアなど。そして、夏の間は屋外で、冬が近づいたら防寒のために室内に入れたゼラニウムやカランコエ、ベゴニアが室内で花を咲かせてくれるとうれしいものです。

セントポーリアは、室内向きの花。私たちが快適と感じる室内気温を好むので常に目の届くところで育て、土の表面が乾いたら水やりを。

> Column   **Pot Covers**

カバーさえあれば

　室内に飾る鉢は、雨に当たる心配がないので、植木鉢専用のカバーがなくても、極端な話、紙のカバーでもOKです。もともと室内観賞向けに出回る鉢花は、十分に根を張らせて花が美しく開花した状態で市場に出るので、購入後さらに大きな鉢に植えかえる必要のないものがほとんど。ゆえに、購入後は、そのまま飾らないで鉢カバーの見立てが美しさのカギになります。シクラメンはそんな冬の代表のような鉢花で、インテリアや花色に合わせて鉢をカバーするだけで、ガラリと印象が変わります。また、ヒヤシンスなどの芽出し球根などは、屋外に植えるより室内に飾ることで、一足早い春の香りを届けてくれます。雑貨や布袋などアイデア次第です。鉢カバーとして利用できるものは、いろいろ試して。

花の大きな室内向けシクラメン。買った際に植えられていたプラスチック鉢に、花色に合わせた同系色の余り布を両面テープで接着して。

芽出し球根で売られていたヒヤシンス。一部欠けてしまったマグカップの中で花が開花して終わるまでの間は室内で栽培を。

開花株のフリージア。一回り大きな素焼き鉢の内底に耐水ビニールを敷きポット苗のままセット。鉢底に水をためないように注意して。

室内向けシクラメンの直径9cmポットに、幅15cm×長さ10cm程度の布袋を作ってカバーに。内側にビニール袋も入れると防水できる。

3〜4月の庭から。剪定を兼ね、庭からカットしてきたヘレボラス、ネメシア、アネモネ、ジンチョウゲなど。

パンジーなど茎を摘む花は寸足らずで花が倒れやすい。くるくるワイヤを巻いて入れると、倒れにくい。銅素材ならイオン効果で水が腐りにくい効果も。

今を盛りと咲いている株の負担を減らす目的もあり、きれいに咲いた花を摘む。色のテーマ別に集めたプリムラ、パンジーなど。

咲いた花を飾る

　庭で咲いた花は、ずっとそのまま咲いていてほしいものです。でも、花がらを摘むべきときは必ず来ます。特に花後に結実すると「タネ」に養分がとられてしまうので、そのままにしておくことはできません。パンジーやビオラのように次から次へと花をつける植物はなおのこと、花がらの放置は禁止！──では、いっそのこと、今日は部屋に飾る花を摘んでみませんか。それも、まだ満開前の花です。パンジーやビオラなら、花を摘むことによってもっとたくさんの次の開花が期待できます。また、ヘレボラス（クリスマスローズ）のように、もう株に次のつぼみがない状態でも、そのまま花を咲かせたままにしておくよりも、株への負担が軽減されます。思い切って早めにカットして部屋に飾るのがおすすめです。きっと、庭で咲くよりいっそう長い時間、多くの目に触れるのでは？

センペルビウムのコレクションが18鉢入る仕切り箱。これ以上あると、美しく感じないかもしれない。ひとまとめの移動も簡単そう。

植物コレクションを飾る

　若かりしころはとにかく植物が好きで、新顔の植物を見つけたことがうれしくて、よく衝動買いをしました。そして、そんな植物を先着順に庭に植えていたから、さあ大変。庭がカオスになりかかりました！　絵になるように、庭に植物を植えていくのはかなりの自制心がいるのだと、今も思います。ふだんから、「庭は植物蒐集のストックヤードではない」と心に言い聞かせているのですが、好きな品種に出合うたび、（植）物欲を抑えるのに精いっぱい。個々はそれぞれ美しい植物も、庭に集めるだけでは美しく見えません。コレクションをするなら、秩序ある配置を念頭に、最初からディスプレイの枠を用意して集めること。美しく咲いてくる植物たちのためにも計画的に専用の展示場を用意します。それができないなら集めない勇気も必要です！

イギリスのスノードロップ・フェアで見た、「シアター」と呼ばれるスタイルのひな壇。美しく咲いた時期だけ展示する方法。

雨よけも兼ねたわが家のプリムラ・オウリキュラのミニシアター。箱の中は明るい半日陰、白い箱がひとつあると便利でおすすめ。

「はままつフラワーパーク」でサクラソウのシアターを発見。キクの時期のほか日本でも昔からあった展示法。和洋それぞれにすてき。

Column **Pots in Threes**

ぜひ、やってみて！
3鉢並べで絵になる飾り方

　1、2、3とリズミカルに植木鉢が並ぶと、実に心地よい景色を生みだします。何種類かの植物や植木鉢を窓辺などにズラリと陳列することがあるかと思いますが、せっかくなら、かわいい植物を絵になるように美しく並べたいものです。まずは、植木鉢の素材や色を統一して、3鉢そろえましょう。また、植物の種類や植木鉢の大きさが多少違っても、同色や同素材の植木鉢、色が違っても同じデザインが並ぶなら、リズミカルな秩序が生まれます。「3鉢並べ」は単純なことですが、それで絵になる景色が完成します。

ウィッチフォード・ポタリーの形違いの植木鉢に、アエオニウム・サンバーストを中心に左右にエケベリア、たたずまいのバランスがいい。

ロンドンの街で見かけたアジサイのウインドウコンテナ。鉢のデザインと花の種類がそろっている、心にくい飾り方。

箱根の「星の王子さまミュージアム 箱根サン＝テグジュペリ」で、クラッスラ'星の王子'を3つのジョウロ型ポット（水はけ穴つき）に植えて置いてみた。

Part 2

キーワードは、楽に育てて飾る
おすすめの植物

　花を楽しみながら育てて、飾るための「おすすめの植物」を選びました。個人的な好みもゼロではないけれど、基本は、失敗の許されない仕事の場面で培った選択肢から……。できる限り「手間少なく、失敗少なく、長く飾れること」が目的です。ガーデニングの仕事を始めて四半世紀以上がたち、さまざまな植物を育てて眺めてきました。この花をこんなふうに育てたら美しかった、幸せだった。病害虫や気候の変動も、どうにか乗り越えた──。少しでもストレス少なく育って「装飾効率」よく、多くの人の目を楽しませたなら、それがおすすめ植物。限られたページに載せきれない植物も多かったのですが、選りすぐりの24種をご紹介します！

　植物は、適材を、適所で、育てるのが成功のカギです。それぞれの庭の環境に合う、合わない、地域の特性に合わない場合もあるかもしれません。基本的に、温暖地が基準になっています。秋から早春は病害虫が少なく繊細な花も育てやすい、春から秋は暑さに強い草花を少数精鋭で、など独自の視点が加味してあります。場所は日当たりか日陰か、一概にいえない場合もあります。真夏の太陽は苦手でも、冬の太陽が大好きな草花もあるので、基本的にそれぞれの季節に必要な場所を記してあります。

「栽培のコツ」(34〜83ページ) の表記の説明

開花期、観賞期	花ならば開花期、リーフプランツは観賞期。
場所	ひなた…1日に5〜6時間以上、直射日光が当たる場所。
	半日陰…1日に3〜4時間くらい直射日光が当たる場所や、木漏れ日などが当たる場所。
	日陰…1日に1〜2時間日が当たる場所。家の北側、樹木の下など。
	※ただし、ひなたを好む植物でも真夏の強光線は、厳しすぎる場合があり。慣れるまで見守って。
水やり	普通…鉢土の表面が乾いたら、鉢底穴から流れ出るまでたっぷり与える。
	少なめ…乾燥に強く多湿は苦手。鉢土の表面が乾いてから1〜2日たってから与えてもOK。
	多め…湿っている状態を好むので、鉢土が乾ききる前に与える。
肥料	普通…植えつけ時の元肥と定期的な追肥。
	好む…植えつけ時の元肥に加えて、肥料ぎれしないように液肥や置き肥を追加。
	不要…基本的に肥料は不要。
	※開花中は開花促進が目的の液肥が効果的。規定の希釈倍率で1週間に一〜二度か、希釈倍率を規定より2〜3倍に薄めて回数を多く、水やりごとに与える。

Flower 1   **Pelargonium（Geranium）**

ヨーロッパで根強い人気
コンテナガーデンの定番
ゼラニウム

　昔から、ヨーロッパの街の景色を彩ってきたゼラニウム。オーソドックスな印象がありますが、花つきのよい栄養系ゼラニウムに注目を。ゼラニウムは、乾燥に強く水やりをうっかり忘れても、そう簡単に枯れません。病害虫の心配も少なく、風通しと日当たりがよく、水はけのよい土で育てれば長く楽しめるので、初心者にもおすすめです。夏のいちばん暑い時期に花が止まることもありますが、丸い葉っぱが年中茂るのでそれも観賞ポイントです。関東以西なら冬越しも容易で、ハンディな植木鉢なら冬は日の当たる室内へ移動。そのまま室内で花を咲かせることもできます。

最初の植え込みから丸3年目を迎えたハイブリッドゼラニウムの'カリオペ'は、東京では屋外で冬越しできた。

栽培のコツ

根をいじられるのを嫌うので、一度植えたら、植えかえは極力避ける。肥料と日差しは大好き。温暖な春や秋なら、挿し木ができる。2年目以降、間延びしたら、挿し木もおすすめ。挿し木の茎は、節のすぐ下を真横にカット、清潔な培養土に挿す。

開花期／周年　　場所／ひなた〜半日陰　　水やり／普通　　肥料／好む

アイビーゼラニウム、コニファー、アイビーの寄せ植え。湿気の多い「星の王子さまミュージアム 箱根サン＝テグジュペリ」だが、日ざし、風通しのよい場所で、根張りの余裕と施肥もポイント。

ピンクの絞り咲きゼラニウムに、やはり同系色、柄違いでストライプ咲きのバーベナを寄せ植え。ゼラニウム同様、多湿を嫌うバーベナに水やりの頻度を合わせるのがコツ。

ロンドンの街の中庭、半日陰のような場所でも、充実した株姿なのは十分な肥料のおかげのように見受ける。ゼラニウムは、赤など強烈な色調が多いが、桜ピンクの品種がすてき。

ロンドンの街でよく見かける定番のフェンスコンテナの寄せ植え。ツゲとアイビーは通年植えっぱなし。春にアイビーゼラニウムが植えられて、冬が来るまで咲き続ける。

Flower 2

Anemone coronaria

秋に出回る開花株で育てる
アネモネ

　アネモネは春咲き球根ですが、秋に球根を植えて育てるのではなく、年末から早春にかけて出回る「開花株」がおすすめです。球根からの栽培では春だけの開花ですが、まだ気温の低いうちから開花株を手に入れれば、花もちがよく、1輪の花を長く咲かせることができます。暖かくなれば、次から次へとつぼみが上がって、うまくすると、1株から10輪以上の花を楽しめます。なるべく日当たりのよい、庭の中でも暖かな場所を選ぶのがコツですが、暖地では、夏の高温多湿に弱く、植えっぱなしでは夏越しが難しいので、一年草扱いにします。

12月に入手した繊細な色調で八重咲きのアネモネ'絢花'に、同系色のプリムラとケールを寄せ植え。厳寒期は北風よけをしつつ、アネモネは4月まで10輪以上咲き続けた。

栽培のコツ

乾燥も多湿も両方苦手と覚えておいて。新陳代謝を繰り返し、葉を伸ばし、つぼみが上がって次々と咲いてくる。植えかえ時は根を傷めないように注意して。

開花期／冬〜晩春　　場所／ひなた〜半日陰　　水やり／普通　　肥料／普通

2月のアネモネ。太陽の光に当たりすぎると反り返るように咲いてしまうが、朝、まだ花が目覚めたばかりのはかない美しさは必見。カメラを持って庭に出るのをお忘れなく。

丈夫な「植えっぱなし球根」のアネモネ・フルゲンス。鉢植えでも、植えっぱなしで毎年開花する。一般的な園芸種のアネモネ・コロナリアのほか、アネモネには100種近くの種類がある。

Flower 3　　　　　　Primula polyantha

冬の太陽が大好き
プリムラ

　学名プリムラの語源である PRIMUS はラテン語で「一番目、最初の」という意味があり、私が好きな呼び名は、プリムローズ（最初のバラ）と呼ぶ英国式です。プリムラは種類が多く、ざっと 400 種以上もありますが、寄せ植えなどに使いやすいのが、プリムラ・ポリアンサ。ギリシャ語の「ポリアンソス」が語源で「たくさんの花」という意味があります。まさに株をかき分けてみると、中にびっしりと花芽をつける姿が魅惑的です。日本では、初冬になると店頭に並び、関東以西では冬から晩春まで半年近くも花が楽しめる、ロングライフの鉢花です。

微妙な色調がすてきなポリアンサ'センセーション'シリーズの花の中心の黄色に合わせた黄色のカルーナと、コントラスト役にはハボタン'ブラックサファイア'を寄せ植え。

栽培のコツ

お店で買ってすぐの株は厳しい寒さに慣れていないので、最初に飾る場所は、寒さを避け、できるだけ穏やかな場所を選んで。少しでも長く咲かせるためには花がら摘みが肝心。ぎっしりとつぼみが集まった株の中心の葉を開いて、なるべく中心に光が当たるように。肥料ぎれに注意して。

開花期／冬〜晩春　場所／ひなた〜半日陰　水やり／普通　肥料／好む

園芸種のガーデンプリムラ'アラカルト'は、植える場所次第で30cm近くにも大きくなるので、窮屈な寄せ植えにはせず、庭植えや、ゆったりと単植で、大きく長く咲かせる。

密集して咲く花の中心をかき分け、中のつぼみに光を当てるとつぼみが育ちやすい。もちろん、花がらは、茎の下からカットして風通しも確保。ときどき気づいて手を入れればOK。

Flower 4　　**Ranunculus asiaticus**

早春の庭の主役
ラナンキュラス

　ラナンキュラスの花言葉は「晴れやかな魅力」。ぽってりキュートな形、薄く繊細な花びらがバラと見まごうほどゴージャスで、まさに「晴れやかな」春の庭の主役になります。こちらもアネモネ同様、球根栽培からではなく12月から早春にかけて出回る「開花株」がおすすめ。あまり強健とはいえないラナンキュラスですが、このゴージャスな花が切り花のラナンキュラスよりは確実に長く（12月から4月ごろまで）観賞できるので、同じ値段なら根っこつきがお得！　1株からどれほどたくさんの花が咲かせられるか、挑戦するのが楽しみなのです。

東京より気温の低い「星の王子さまミュージアム　箱根サン=テグジュペリ」で4月に作った寄せ植え。暖かな南向きの壁際が栽培に適している。寄せ植えのパンジーが水を吸うので、水やりは毎日要チェック。

栽培のコツ

厳冬に開花株で始めたいラナンキュラスだが、本来快適に生長、開花する温度は、5〜10度。天気予報を見ながら、一時的に霜が当たらない軒下か室内で栽培するのもひとつの手。持ち運びしやすい小型の寄せ植えにするか、1株を日当たりのよい窓辺で育てるのもおすすめ。気温が上がると水ぎれしやすく乾燥に弱い反面、多湿を嫌うので、苗を1cmほど高植えするとよい。

開花期／冬〜晩春　　場所／ひなた〜半日陰　　水やり／普通　　肥料／普通

色と形の美しさに引き寄せられたラナンキュラス 'ブラックパール'。面倒でも梅雨前に掘り上げ、球根を消毒し、十分に乾燥し夏を越させて、秋にまた植えたくなる。

浅い鉢に植えたので、乾燥が速く水やりは毎朝の仕事だが、植えつけから2カ月ほどでたくさんの花をつけた。日差しと風通し、そして、速効性の液肥を与えて。

大輪のラナンキュラスは実に美しいが、花の外側から徐々に花びらがしなびてくる。見苦しいと思ったら、しおれた花びらをとっても、花弁が多いのでまだまだ美しく見える。

Flower 5 — Ranunculus 'Rax'

早春から
5月上旬まで咲き続ける
ラナンキュラス'ラックス'

'ラックス'は近年、日本で生まれたラナンキュラスの園芸品種で、花びらにワックスをかけたような独特の輝きがあるところからついた名前だとか。実は数年前の2月にこの花を園芸店で発見。ベランダで栽培を始めたところ、5月上旬まで数えきれない花が繰り返し咲いたころから虜になりました。花後、葉が枯れ終えると株（球根）が休眠を開始。夏は鉢に植えたまま、そのへんに放置しておくと、秋にまた緑の葉を吹き返し翌年大株に育ちます。植えつけた土の水はけのよさが生長のカギを握るので水がたまるような地面では難しいかも。夏の高温多湿にも強く、関東以西の温暖な土地なら屋外に植えっぱなしで冬を越します。

育て始めて3年目を迎えた株。開花中も液肥を欠かさず与えている。直径21cmの7号鉢では窮屈なので、休眠から覚める秋には、もう一回り以上大きな鉢に植えかえる予定。

栽培のコツ

花後、休眠をしながら夏を越し、秋の終わりごろから多年草のように葉を伸ばして冬を越す。-5度になった東京の屋外でも越冬できたが、寒冷地では、秋口から繁茂する緑の葉を傷めないように日当たりのよい室内などで管理する必要がある。球根では販売されていないので、早春に開花株を見つけて。

開花期／早春〜5月上旬　場所／ひなた　水やり／普通　肥料／好む

私が花壇のデザインを担当している「はままつフラワーパーク」では、ラナンキュラス'ラックス'が、4年目に突入。3月中旬ごろから、5月のフジの花の満開時までの見ごろの時期に、ラナンキュラスも咲き誇るのがうれしい。

秋、気温が下がりだすころ、雨の当たる場所に鉢を出しておくと芽が出てくる。水はけのよい培養土に植えれば腐る心配もないが、葉が茂ってきたら追肥を。表土が乾いたら水やりを繰り返し、葉を茂らせたまま冬越しをすると、春に開花する。

Flower 6   Torenia

丈夫で育てやすい気楽な花
トレニア

　トレニアは、夏の庭で大活躍。夏は花を育てる私たちもバテぎみですが、暑さや多湿、放任にもめげず（マメな花がら摘みをしなくてもそれなりに維持できる）、花壇の地植えや、寄せ植えに欠かせない存在です。特に丈夫な這い性の品種がおすすめですが、日照が多いとはいえない玄関先やベランダなどでも、花を咲かせ、自然にこんもりとバランスよく繁茂するのが魅力です。また、春から晩秋まで、長く、たくさんの花が咲かせたいので、植えつけ時に緩効性の肥料と開花中の液肥が必要です。長雨に悩まされた秋も平気な顔をして開花をしていたので、雨にも強いといえるでしょう。逆にカラカラになってしまう夏の太陽の下は乾燥が強いので、日当たりのよすぎる場所は避けたほうがよいでしょう。

目に涼しげな白と青紫色で、夏に強い草花を集めた寄せ植え。立ち上がるセキショウを中心にその左はアンゲロニア、前には斑入りトウガラシ、ニチニチソウ。裏側に植わっいるのが、多湿に強いトレニア。

栽培のコツ

基本的に水分と肥料分の補給によって花を咲かせ続けるので、乾かしたり肥料ぎれを起こさないように。植えつけ時に緩効性の肥料と開花中の液肥が必要。日当たりの悪い場所で間延びしてしまったら、いったん切り戻すとよい。

開花期／春〜晩秋　　場所／半日陰〜日陰　　水やり／多め　　肥料／好む

ニューサイランを中心に植えた3株のトレニアがあふれるよう。初夏から秋まで、ずっと咲き続けた「星の王子さまミュージアム 箱根サン＝テグジュペリ」の寄せ植え。

Flower 7　Impatiens walleriana / Impatiens New Guinea Group

高温多湿の
日本の夏に欠かせない
インパチエンス、
ニューギニア
インパチエンス

　半日陰で大活躍の夏の花。強い夏の太陽が苦手なので、湿気があり、日当たりのよくない窓辺やベランダ、玄関先などで、育て飾るのに最適です。とはいえ、風通しは必要。暗い日陰では枝葉が伸びて間延びするので、午前中は光が当たるなど、なるべく明るい環境を選び、水はけのよい土に植えます。植木鉢が小さいと土が乾きやすいので、植木鉢はなるべく大きめのものを選ぶのが成功のカギ。花や葉が大きめのニューギニアグループと、八重咲き、バラ咲きもそろう少し小型のアフリカングループなど。いずれも高温多湿の日本の夏に合った品種です。

アイビー、フィットニア、同じく半日陰を好むニューギニアインパチエンスの寄せ植えだが、なるべく明るい場所での栽培が、花数をふやすコツ。花がら摘みも忘れずに。

栽培のコツ

肥料と水は大好き、乾燥に注意して。水やりは土の表面が乾ききる前にたっぷりと。でも、鉢受け皿に水がたまったままの状態だと根腐れの危険あり。根をいじられるのを嫌うので、植えかえ時は根を傷めないようそっと植えかえる。

開花期／初夏～晩秋　　**場所**／半日陰～日陰　　**水やり**／多め　　**肥料**／好む

白い葉が涼しげなカラジウムと斑入りノシランが絶好の引き立て役。半日陰が好きなニューギニアインパチエンスの寄せ植え。

コニファーの足元は、インパチエンス'パッチワーク'とプレクトランサス・ヌンムラリウス。半日陰の場所を明るい色調で飾りたいときに最適。

パリのリッツホテルの中庭で発見。ベルサイユ・コンテナの樹木の株元に植わっていたのは、最も一般的なインパチエンス。かなりの日陰でけなげに咲いていた。

Flower 8   **Zinnia elegans**

雨が降っても
空を向いて咲く夏の花
ジニア

　和名の百日草の文字どおり、長く咲いてうれしい夏の一年草です。また、雨で下を向いてしまう花が多い中、水を含んでも空を向いて咲く姿がけなげです。夏の暑さに強く初心者にも育てやすいのですが、80㎝前後に背が高くなるジニア・エレガンスは、株が倒れやすくなります。夏は、必ず大雨や台風がくるので、30㎝以上に背が伸びてきたら、倒れる前の杖ならぬ支柱がおすすめ。ニュアンスカラーのサーモンピンクやライム色など、すてきな色調のジニアを探して。夏でもイングリッシュガーデン風の庭づくりに役立ちます。

夏はなるべく大きめの鉢でしっかり根の張れる寄せ植えを。ジニアを大小で2種類。手前に垂れ下がる白いアサリナ、間にダリア、ユーフォルビア、立ち上がる白い小花のペンタスがジニアの引き立て役に。縦に伸びるのは後からピンクの花が咲くグラジオラス。

栽培のコツ

夏以降、うどんこ病が出やすくなる。苗はなるべく早めに植えつけ、夏の暑さが本格化する前に根を張らせて株を丈夫に育てておくこと。うどんこ病を発見したら放置しないで葉を摘みとるか、薬剤を散布。晴れた日の夕方に活性液の葉面散布も予防効果がある。

開花期／初夏〜初秋　　場所／ひなた　　水やり／普通　　肥料／普通

初夏から秋までずっと開花。北海道の銀河庭園でも人気の高いジニア'クイーンレッドライム'。後ろに見えているのはニコチアナ。

空に向かって元気に咲く姿が夏らしい花だが、ときどきは花がきれいなうちに切り花としてカットしてみては？ 株の負担を減らして次の花の開花にはプラスになる。

Flower 9 　　**Pentas lanceolata**

暑くても絶え間なく咲く
涼しげな花

　夏の花には珍しい涼しげな白やライラック色があり、星形の花があふれるように咲くペンタスは夏の暑さに強く、長く開花する低木です。暖地では、5月から12月初旬まで開花。絶え間なく咲くので、速効性の液肥を週に二度は継続して。水はけの悪い土に植えると根腐れしやすいので、水はけのよい土に植えるのも暑い時期は重要です。たくさんの枝葉を分岐しながらその先に花をつけるので、花が終わったらマメに枝ごと切り戻します。太陽は好きですが、日照が少なかった夏でも半日陰でも花を咲かせました。液肥や活性剤を葉面散布したことも効果がありました。

夏の花としては珍しいパステルカラーのペンタスに合わせて、テマリソウ、オキシペタルム（ブルースター）、ガイラルディア、コリウス'ムーンシェイカー'で寄せ植え。株元に太陽が直接当たらないよう、ゼオライトでマルチングをした。

栽培のコツ

基本的に多湿が苦手なので、風通しが悪いとカビが出ることがある。風通しに注意して。耐寒性がないので一年草扱いで。

開花期／初夏〜初冬　　場所／ひなた〜日陰　　水やり／普通　　肥料／好む

初夏のうちは、背後に見えている斑入りアジサイが主役だったが、アジサイの花後、晩夏には白花ペンタスが大きく育つ。目黒にある店舗の北側でひと夏の間、ずっと花を咲かせた。

花火のようにパッと広がる星形の花と夏に涼しげな色彩が魅力のペンタス。花後は、その下に見えている、また分岐して咲き広がる芽を生かすようにひとかたまりの枝ごと切り戻すこと。

Flower 10　　　　　Viola × wittrockiana

毎年登場する魅力的な
花色や模様に注目

パンジー、ビオラ

　パンジーの原種（ビオラ属）は、世界中のあらゆる気候帯に、なんと500種以上も分布、棲息するそうです。それゆえに、かなりフレキシブルでタフな植物だと察することができます。冬の寒さに強いので寒冷地の花壇でも冬越しが可能です。でも、決して平凡な花ではありません。毎年のように登場する新品種は、目がくぎづけになるほどにおもしろい花色や、ブロッチ、グラデーション、覆輪などの模様があり、同じ花でも1鉢ごとに表情が異なります。深いブルーやパープルなど、魅力的な色彩の花がいっぱいなので、絵を描くように寄せ植えするもよし、シンプルに1株を大きく育てる楽しみもあります。秋から晩春まで咲く花を、できるだけ長く楽しむために、こまめに花がら摘みを。手入れのしがいのあるのが、この花です。

ダークリーフのスイスチャードを中心に、カルーナと3種類のビオラ。手前に白花の「よく咲くスミレ」、左右の後方にダークパープルのビオラを配して光と影を意識した寄せ植え。

栽培のコツ

花がらを摘まないとタネができ、次の開花が鈍る。春先にはアブラムシやナメクジの発生に注意、早めに駆除を。根の張るスペースがあるほど見事な株になり花が咲くが、狭い場所ではそれなりにフレキシブルな花。

開花期／秋〜晩春　　場所／ひなた　　水やり／普通　　肥料／好む

左右にパセリ、中心にパンジーを1株。秋〜春の間、ときどきパセリを料理に使うことができた。育て、飾りながら食べることもできるパンジーの寄せ植え。

極小輪のビオラは、寄せ植えにするよりも、1株植えのほうが花の魅力を堪能できる。小さな鉢は乾きやすいが、窓辺やテーブル上など目に留まる場所で育てるのがコツ。

パンジーは、秋植え球根チューリップのコンパニオンとして最高の仲間だ。冬の寒さに強いので、球根とともに春を待つ。左右にヒューケラ、白いパンジーもわき役にして。

Flower 11   Dahlia

ドラマティックに咲く夏の花
ダリア

夏から秋にかけて咲く花の中で、最もドラマティックな球根花です。夏以降、1m以上に背が伸びるさまざまな宿根草に混ざって、群を抜く存在感を放つのがダリア。晩夏のイングリッシュガーデンにこの花を欠かすことはできません。さて、ダリアはメキシコ原産で18世紀ごろにヨーロッパに渡り、以来、品種改良が重ねられ、現在では数えきれないほどの園芸品種が作られています。うれしいのは、日本で作出された品種も多く、耐病性や丈夫な品種もふえてきたことです。

北海道の「銀河庭園」の、日本で最も美しい背景で咲く、ダリア'マンゴー'と、'やまきフラットレッド'が大活躍。ダリアは、秋の夕日の時間がいちばん美しい。

栽培のコツ

ダリアは非耐寒性の晩夏咲き球根。春に球根を植えるが、開花株を購入して栽培するのもおすすめ。定植するときに支柱を立てて茎が折れたり倒れないようにしておくと、あとから支柱を立てるよりきれいに仕立てられる。銅葉のダリアは丈夫なものが多く、60cm程度の草丈でコンパクトな栽培ができるので、小さな庭や大きめの植木鉢でのベランダ栽培にも最適。

開花期／夏〜秋 　場所／ひなた 　水やり／普通 　肥料／普通

'ダークエンジェル'シリーズをはじめとする銅葉のダリアは丈夫な品種が多く、60cm程度の高さでコンパクトな栽培ができ、小さな庭やベランダでのコンテナ栽培もおすすめ。

マダムに大人気のポンポン咲きのダリア'グレンプレス'は、ボールのような花が風に揺れてひときわ魅力的。わき役にニコチアナ。

とがった花びらにインパクトのあるダリア'角笛'が咲くと、トーチに明かりがもったような華やかさ。花数もあるので頼もしい。

左ページと同じダリア'やまきフラットレッド'に黄色いフェンネルの花が似合って。並びの写真3点とも、秋の「銀河庭園」にて。

Flower 12 **Tulipa gesneriana**

秋から咲く花との
寄せ植えがおすすめ
チューリップ

　チューリップの品種は、現在8000種以上あるといわれています。種類がありすぎて、選ぶのに悩むほどですが、こんなにも品種があるのだから、毎年、庭にチューリップを植えないなんてもったいない。咲いたときの姿を想像しながら、秋に球根を植えるのは本当に楽しいことです。ただ、庭でも植木鉢でも、チューリップの球根だけを植えると、冬の間、地上部が空っぽになってしまい、興味が離れて、水やりさえも忘れてしまいそうです。春に咲くチューリップの花色に合わせて、秋植えの植物を寄せ植えしましょう。

右ページの寄せ植えの作り方で植えた寄せ植えに春が来て、満開の4月中旬の状態。このチューリップは斑入り葉、花のないときも葉がアクセントになり、秋も咲いていたネメシアが引き立て役として活躍。

栽培のコツ

チューリップは「水食い」の植物。春先、土の表面が乾いたら水やりを欠かさないように注意。原種系チューリップなら植えっぱなしで翌年も咲くが、園芸品種のチューリップの翌年開花は不安定。ベランダガーデンなど、スペースが限られるところでは1年限りと割り切るのがおすすめ。また、品種を選ぶときは、早咲き、遅咲きなど開花期の違いを確認して、咲かせたい時期を選ぶ。

開花期／春　　場所／ひなた　　水やり／多め　　肥料／普通

寄せ植えの作り方

用意するもの	
球根5球	チューリップ'フラッシュポイント'
苗6ポット	アネモネ ネメシア・メーテル'チョコレートムース' カルーナ'ガーデンガールズ' フリンジパンジー'ミュシャ' ハツユキカズラ パンジー'絵になるスミレ ヴィーノ'
鉢（直径36cm、高さ33cm）、鉢底ネット、元肥入り培養土	

1
鉢底穴に鉢底ネットを敷き、鉢の縁から12cm下（苗の根鉢の高さ＋ウォータースペース2～3cm）まで元肥入り培養土を入れる。

2
中央に植えるアネモネの苗の場所をあけ、その周りに球根5個をバランスよく配置する。球根は、ふくらんだほうを外側にすると、葉の向きがそろって美しい。

3
芽が上がってくる位置の目印に、花芽近くに割り箸をさす。

4
球根が隠れるまで高さ約3cm分の用土を足し入れる。

5
アネモネをビニールポットから取り出し、根鉢の土を軽く落とす。開花中の球根花なので、根を傷めないように気をつける。

6
アネモネを鉢の中心に配置する。他の苗も順に割り箸の位置を目安にビニールポットから取り出し、配置する。

7
すべての苗を配置し終えたら、割り箸を抜き、鉢と苗、苗と苗の隙間に用土をしっかり足し入れる。

8
苗を植え終わったら、鉢底から流れ出るまで水やりして完成。活性液を葉面散布すると植物が元気になる。

完成
12月、チューリップが咲くまでは、アネモネがメインの寄せ植え。そのほかの小花は、チューリップの花色より控えめの色を選んだ。

Flower 13　　　**Bulbs**

植えっぱなしで何年も楽しめる
ほったらかし球根

　多くの球根類は、花後、葉っぱが自然に枯れ球根に養分が戻るまで待ち、その後掘り上げ、夏は涼しい場所で球根を夏越しなど、少しめんどう。植えっぱなしでは、翌年は葉っぱだけか、夏の間に球根が腐ってしまうこともあります。でも、「ほったらかし球根」あるいは「植えっぱなし球根」と呼ばれる春咲き球根類は、一度植えたら植えっぱなしで放置しても、翌年にまた花を咲かせるのが特徴です。イフェイオンやムスカリ、スイセンのほか、原種系のチューリップ、クロッカス、イキシア、スノードロップ、シラー、トリテレイアなど、主に小球根といわれるグループです。

直径27cmの浅鉢中央にビオラを植え、その周りに、イキシア、アネモネ・フルゲンス、ディケロステンマ、トリテレイア、イフェイオン、ムスカリ'タッチオブスノー'、スイセン'ハウエラ'、クロッカスなど8種類の球根を植え、毎年開花。

球根の植えつけ
鉢植えの場合は、鉢の深さにもよるが、球根の頭に2〜3cm程度は土がかぶるように。

栽培のコツ
数年間、植えっぱなしになるので、団粒構造の壊れにくい土を使って。

開花期／早春〜春　場所／ひなた　水やり／普通　肥料／普通

原種系チューリップ・プライスタンスユニカムは、斑入りの葉も美しいので花のない時期も観賞価値が高い。

スイセン'ハウエラ'は、レモン色の花が魅力のミニスイセン。しずく咲きで小型の花をつけ、するすると伸びる茎がスリムで可憐。

イフェイオン、和名はハナニラ。春になると、植えっぱなしになったこの花が道端で咲くのを目にする。とにかく丈夫。

トリテレイア。見た目は繊細だが、毎年5月下旬以降に必ず咲く。見た目がアガパンサスに似ているので、姫アガパンサスとも。

ムスカリ'タッチオブスノー'。丈夫さではおなじみのムスカリだが、葉が伸びすぎずコンパクトで雪をかぶったような花が特徴。

アネモネ・フルゲンスは、白、ピンク濃淡、紫、赤系など、色幅があるが、可憐な一重で花芯の濃紺色がすてき。4月上旬開花。

Flower 14 **Brassica oleracea var. acephala**

晩春の花まで
ドラマティックに変化
ハボタン

漢字で書くと「葉牡丹」。ハボタンはボタンの花のような美しい姿が特徴です。昔はお正月用に直径30cmもあるような大きなハボタンがありましたが、最近は小型のミニハボタンが主流です。ちょうど実際のボタンやシャクヤクに近い大きさ。やさしいパステルカラーの葉色も多く、葉の形もレースにフリンジと表情豊かで寄せ植えもしやすくなりました。さてハボタン、忘れてならないのは晩春の姿。茎がするすると立ち上がり、ナノハナ状の黄色の花がドッカン！と咲きます。姿がドラマティックに変化するのもハボタンの醍醐味です。寄せ植えを作るときは、そんなハボタンの変化も予測して配置を考えると観賞期間が長くなります。

'ブラックルシアン'という品種名のハボタンを、ビートの葉を中心に、左右対称に植えた。その後ろ側には、セキショウ、その理由は右ページを見ていただきたいが、真ん中に植わったパンジーはまだ存在が薄い。

栽培のコツ

秋に出回るハボタンは寒くなる前に植えつけるのがコツ。しっかり根を張れば冬越しも順調。春にナノハナのような花が上がるが、早めに切り戻せば株の負担が減り観賞期間が延びる。風通しのよい場所で夏越しもできるが、基本的に一年草扱いがおすすめ。

観賞期／冬〜晩春　場所／秋〜春はひなた、夏は半日陰　水やり／普通　肥料／普通

3月下旬
ハボタンの花が、するすると上がってきた。ナノハナのような黄色の花をしばらく楽しむ。左右対称に植えてあるので、花が上がってもバランスのくずれは気にならない。

4月下旬
ハボタンの伸びた部分を切り戻し、まだきれいに咲いている部分は、花瓶に飾った。秋にこの寄せ植えを作ったときとは違った雰囲気を楽しめる。パンジーが満開で絶好調。

Flower 15　　**Cyclamen persicum**

花も葉っぱも観賞できる冬の鉢花
シクラメン

　昔から人気の鉢花、シクラメン。「花よし葉っぱよし」で、シクラメンほど秋から春まで、株姿も乱れにくく、長期間美しい冬の花はほかにはありません。次から次へと咲く花だけでなく、ふだんからお行儀よく、姿乱れず、まとまり感のある「葉っぱ」も美しく、春になるまで株の大きさもさほど変わらないので、大きな鉢への植えかえの必要もありません。寄せ植えやハンギング、小さな鉢での単植にも向いています。ただし、冬の鉢花なので耐寒性には注意が必要です。ガーデンシクラメンの最低耐寒温度は −2〜3 度なので、屋外でも日当たりで北風の当たらない場所がベスト。寒冷地での栽培や耐寒性の微妙なシクラメンは、室内の日当たりのよい場所で。花に似合う器や鉢カバーをアレンジすると、かわいく変身します。

シクラメンの魅力は花だけでなく、他の植物にない美しい葉群にある。このシルバーリーフの雰囲気に合わせたのが、ビオラ'水色のワルツ'とリシマキア'リッシー'。のちに淡いピンクの花が咲いた。

栽培のコツ

シクラメンは水やりの方法が肝心。葉の上から水をかけるのではなく、また、球根の中心には水がかからないように、葉を手でかき分けるようにして、株元の土、根に水を吸わせるよう意識して土に給水する。また、花が終わりかけたら茎をひねって抜くことで、次々に花が咲く。肥料ぎれにも注意して。

開花期／秋〜春　　場所／秋〜春はひなた、夏は半日陰　　水やり／普通　　肥料／普通

室内栽培なら、紙のカバーでも、ワンシーズンは維持可能。市販の鉢植えをいったん、新聞紙などで鉢をカバーしてみて型紙を作ると簡単。

Flower16　　Japanese Plants

見直したい
日本在来の宿根草
日本の在来種

　21世紀に入り、イギリス、オランダ、アメリカを中心に広がりを見せるナチュラルガーデンの「新・宿根草ムーブメント」は、見逃すことのできない庭の潮流です。温暖化の影響により、以前よりも天候や病害虫へ注意が増す一方、なるべく農薬を使わない栽培が求められています。そのため、栽培環境にマッチする植物を選ぶことが早道。それでいま一度、栽培環境をよく見直して、しかも、なるべく手間のかからないナチュラルガーデンを楽しみたいと突き詰めてみたら、私は日本在来の宿根草に、大きな可能性や将来性を感じるようになりました。

オニユリ、ミソハギ、オミナエシ、カワラナデシコ、キキョウなど。武蔵野の草花を寄せ植えした植生マット「野の花マット」を植えつけた初夏の眺め。

開花期／春〜秋　　場所／ひなた　　水やり／普通　　肥料／普通または不要

栽培のコツ

宿根草にとってすみやすい日当たりと水はけ、風通しのよい環境を見極めたり、それをつくりだすことが第一歩。また、土がよければ植物はおのずと健康に育つので、まずは土育てを意識して。本来、野に咲く花なので肥料は、最低限でOK。植物たちの自然環境への順応性を見守る気持ちで育ててみよう。

オミナエシは、ひなたの草原が似合うが、屋上ガーデンや普通の狭い庭でもサバイバルする多年草。支柱なしでも倒れない。

ギボウシ。葉の姿が美しい半日陰〜日陰に向く多年草。夏に咲く花は白〜薄紫の一日花が清楚な美しさ。

ノコンギク、アケボノソウ、フジバカマなど。日本在来種の庭は、本当の意味でのナチュラルガーデンになる。

ホタルブクロは丈夫な多年草だが、耐暑性は微妙。暖地の夏は半日陰になるような場所を選ぶのがコツ。

ワレモコウは、イギリスの庭でも人気の多年草だ。東京目黒区の夏でも生き延びるほどに、生命力は強い。

トネアザミ。タッセルのような形が美しいアザミの仲間はノアザミを中心に日本国内だけでも50種類以上もあるとか。

Succulent 1

Various Succulents

気温と色調で変化する
カラーバリエーション
多彩な
多肉植物

　多肉植物がブームといわれて久しいのですが、多肉植物の限りない多様な楽しみ方を取り上げずにはいられません。以前の私は、少し高価な珍しい品種に夢中になりましたが、今は一般的なエケベリアやセダムなど、丈夫な品種が大好き。それは多彩な環境に適応し、ほとんどは屋外で、ときには室内で楽しめて、さまざまなタイプのコンテナでの栽培が可能だから。季節によって変化する多彩なカラーバリエーションも独特です。緑色から青緑、ピンク、赤、ワイン色、ほとんど黒っぽい色に至るまで、さまざまな色調が光線や寒さとの関係で変化する──。それが自分で育てる多肉植物の魅力でもあります。

セダム'黄麗'や'虹の玉'、オオバマルバマンネングサ、エケベリアなど、寒さに当たることでいっそう色づき、葉の縁が赤くなるものがある。ただ、寒さの程度によるので、天気予報を見て、氷点下を下回る夜は室内に避難させたこともある。

栽培のコツ

直射日光を好む一方で、弱い光にも適応するのも魅力。冬が近づいて空気が冷えるころ、多肉植物が多彩に色づく時期が最も美しい。

観賞期／周年　場所／秋〜春はひなた、夏は半日陰　水やり／普通　肥料／普通

ロゼットが美しいセダム'黄麗'は今、春の色。黒くて小さなセダム'チョコレートボール'、ブルーグレーのハートカズラ'レディハート'で色と形をコラボーレートしたハンギング。

中心に鎮座するのは、エケベリア'ブラックプリンス'、その王子様を囲む群衆は明るい色のセダムいろいろ。細かなセダム類も微妙な色と形の違いに気をつけて植えた。

Succulent 2　　　　　Sempervivum

鉢植えで楽しめる
寒さに強い多肉植物
センペルビウム

　センペルビウムは、「Semper＝常に」+「vivum＝生きている」に由来する、丈夫な多肉植物です。耐寒性にすぐれているので、半耐寒性の多肉植物とはいっしょに植えません。センペルビウムは、霜をかぶりながらも冬越しするのがけなげ。品種にもよりますが、寒さに当たるとひときわ紅葉が美しいのも魅力です。また、小型で乾きやすい鉢植えに植えるのに適しているのもおすすめポイント。雨の当たらない場所で夏を越し、秋の長雨が終わったら、雨が当たる日当たりに出します。イギリスでは、昔からアロエのように薬草として扱うこともあり、屋根に植えれば雷よけになるとの迷信もあって、広く庭で愛されてきた植物です。

センペルビウムにもたくさんの種類があり、ここではパシフィックデビルズフード、クリスマス、ラインハルト、綾桜、アグロウ、ヘイヘイなどを模様のように寄せ植えした。

栽培のコツ

長雨や多湿を嫌うので、休眠ぎみになる夏は極端な直射日光や長雨に当てないようにする。むしろ断水しながら軒下で管理するなど、自宅で可能な場所での避暑を心がける。春や秋の生長期は伸びてきたランナーを挿し芽でふやすのも楽しい。切り口は数日乾かし、用土に楊枝などで穴を開けて挿し、水やりする。

観賞期／周年　　**場所**／秋〜春はひなた、夏は半日陰（軒下）　　**水やり**／冬は普通〜少なめ、夏は断水ぎみ　　**肥料**／普通または不要

26年前、人生で最初に出合ったセンペルビウム。冬は氷点下になるイギリス湖水地方で、周年、外に置いてあった寄せ植えだ。

レンガの穴に根を張るも、ここまでランナーが伸びたら、春や秋の生長期に、切った茎を再度土に挿し、兄弟をふやすチャンス。

Leaf 1　　　　　　　　　Hedera helix

垂れ下がる草姿を利用して寄せ植えのわき役の定番
アイビー

　観葉植物として、最もポピュラーなつる性植物がアイビーです。学名でヘデラとも呼びます。ヨーロッパではレンガの壁を伝うロマンティックな景色でおなじみですが、一度地面に定着すると思いのほか侵略的にふえていくので、うかつに地植えにするのは避けます。それほど丈夫なアイビーですから、寄せ植えでは千変万化のアレンジができます。主に垂れ下がる草姿を使いますが、ワイヤに絡めてトピアリー状にしたり、100種類以上も品種があるアイビーの色や形を生かせば、無限の飾り方ができそうです。ポット苗の株を分けたり、挿し芽でふやすこともできます

明るいライム色でフリルつきの垂れ下がるアイビーを格好の引き立て役にした寄せ植え。メインはラナンキュラス、プリムラ、パンジー'フェアリーチュール'、ヒューケラなど。

栽培のコツ

ごく一般的なアイビーは、ひなたでも日陰でも、屋外でも室内でもOKだが、品種によっては強光線や霜で葉が傷む場合がある。寒さに当たったり肥料が足りないことで紅葉する品種もあるので、季節による変化も観賞ポイントに。

観賞期／周年　場所／ひなた〜日陰　水やり／普通　肥料／普通または不要

クリスマス向けに、12種類のアイビーを集めた寄せ植えリース。寒くなり紅葉してきたところを、壁に飾った。

Leaf 2　**Trifolium repens**

隙間を埋める
寄せ植えの名わき役
クローバー

　こまかい三つ葉のクローバー（まれに四つ葉もありますが！）は、その形がトランプゲームの「♣（クローバー）」でも象徴されるように、形がチャーミング。クローバーの学名、トリフォリウムのトリは tres ＝ 3、そして、フォリウム folium ＝フォリッジ（葉）。しかも個々の丸い葉がぎっしりと集まった葉群が魅力的。それを、暑すぎず寒すぎない時期に、水はけよく、肥料分のある土にゆったりと植えれば、葉群が徐々にこんもり繁茂していくのがうれしいのです。寄せ植えでは、主役級の「アクセントプランツ」を引き立てて、間を埋める「フィリングプランツ」として重宝します。

シックな色調のケールを見つけ、ダークな紫のパンジーやビオラ、プリムラ、リシマキアに色をつなげ、2種類のクローバーを寄せ植え。春になるともっとふっくら大きく広がる。

栽培のコツ

高温多湿に弱いので、温暖地では秋から初夏までが栽培適期。寄せ植えのわき役としてあらゆる草花といっしょに植えることができる。肥料は好きだが、窒素分の多い肥料は控えて。日差し、風通しのよい場所で、水はけのよい土に植えれば、温暖な時期によくふえる。

観賞期／秋～初夏　場所／秋～春はひなた、初夏は半日陰　水やり／普通　肥料／普通～好む

花つきのカトレアクローバー、オキザリス、ヒューケラ'キーライムパイ'、アジュガ。むしろ、クローバーが主役の寄せ植え。

中心にオレンジのオステオスペルマム、それに同系濃色のクローバーと背後に斑入りのヘリクリサム。ともに横に広がる葉群で。

左はトリフォリウム'ティントルージュ'、カレックス'ジェネキー'、デージー、右はトリフォリウム'ホイトフェン'、ブルーグラス'エリムス'にシシリンチウム。それぞれ1株ずつで。

Leaf 3　　　　　Heuchera

葉色、葉形の
バリエーションが豊富
ヒューケラ

　葉色よし、形よし、しかも育てやすいヒューケラ。緑〜黄色、赤〜オレンジ系、パープル〜ブラック系、シルバーなど多彩なカラーバリエーションも魅力のリーフです。ふっくらと、まとまりのよい形が乱れることなく生長していき、手間もあまりかからないのが魅力です。ただ、夏の直射日光の下では葉やけして傷むことがあるので、夏は日陰になる場所や半日陰のほうが機嫌よく育ちます。地植えでも寄せ植えでも、殺風景になりがちな低木類の株元をカバーするのに便利です。葉色の豊富さに加えて、花が美しい品種があったり、花はそれほどでなくても丈夫な品種などがあるので、それを探すのも楽しみです。

ヒューケラ'エレクトラ'の色に合わせ、オレンジ〜黄色系のプリムラ、パンジー、ラナンキュラス、カルーナの寄せ植え。秋冬〜春向けの典型的なロングライフの寄せ植え。

栽培のコツ

秋に苗を植えつけると、植えられた場所に順応できるので丈夫に育ちやすい。秋植えなら少し深植えもおすすめ。2年目などに茎の中心が立ち上がってきたら、通気性のよい土で茎を覆えば株が立派になる。

観賞期／葉は周年、花は初夏〜夏　　場所／秋〜春はひなた、夏は半日陰〜日陰　　水やり／普通　　肥料／普通〜好む

日陰の通路沿いで機嫌よく育った色違い4種で4株植えたヒューケラ。手前は明るい色を植えて。「星の王子さまミュージアム　箱根サン＝テグジュペリ」にて。

ヒューケラは秋植え球根のわき役に適している。春には、ヒヤシンソイデス・ヒスパニカ（シラー・カンパニュラータ）がヒューケラの花とともに咲いた。

丈夫なヒューケラ'パレスパープル'を使って。枝の目立つアジサイの株元をヒューケラで隠すのは、私の定番の寄せ植え方。

Leaf 4　　　　**Calluna vulgaris**

冬のガーデニングに欠かせない
カルーナ

　冬が近づくと店頭に出回るカルーナは、寒さに強く、冬の庭に欠かせません。冬の花はパンジーやプリムラなど、丸くてこんもりとした形が多いのですが、そこに、シャープなスパイク状のシルエットのカルーナが入ると、一気に庭の眺めにメリハリがついてきます。花色も白やピンクなど、すでに春が来たようなやさしい色もあります。ただし、自生地は冷涼でやせた酸性土壌のせいか、夏越しは困難です。高温多湿が苦手なので、温暖地では一年草扱いがベター。寒冷地では早春の花後、枝の切り戻しで株を整えて。

秋から冬の私の庭で。華やかで表情豊かに彩る白花のカルーナに、それより背の高い近縁の白いエリカを寄せ植え。ほかにストック、ネメシア、パンジーをテーブルの色に合わせて。

栽培のコツ

見た目、乾燥には強そうに見えるが、乾燥は苦手。表土が乾いたら水やりを。空にまっすぐ向かう枝ぶりが美しいが、いったん枝が曲がると自然には戻らないので、細い支柱で支えるか、1〜2本なら株元でカット。花後は、花のついた枝をすべて剪定、緑の葉を楽しむ手もあり。きれいな新芽を観賞して。

観賞期／秋〜初夏　　場所／秋〜春はひなた、初夏は半日陰　　水やり／普通　　肥料／不要

クリスマスシーズンのスタートする11月から「星の王子さまミュージアム 箱根サン＝テグジュペリ」を飾るのはカルーナ、ヒューケラ、パンジーなど。

クリスマス向けハンギングバスケット。寒冷地なので、寒さに強いカルーナが主役。ほかにパンジー、アイビー。オーナメントも欠かせない。（星の王子さまミュージアム 箱根サン＝テグジュペリ）

Leaf 5　　**Acorus gramineus 'Ougon'**

きれいな黄金色が
一年中美しい
オウゴン
セキショウ

　オウゴンセキショウ、あるいは、アコルス黄金と呼ばれています。私の寄せ植えになくてはならない相棒のような常緑多年草です。暑さ寒さに強く、多湿と長雨にも元気で、きれいな黄金色が一年中美しく、季節によって、見かけが大きく変わることはありません。夏は葉やけを避けるため、ひなたは避けたほうが無難ですが、置く場所に神経を使う必要もなく、とにかく丈夫なので、1株もっていればいつでも必要なときに株分けをして、小さな根鉢でさまざまな寄せ植えの中に差し込めて便利です。

「線」で立ち上がるオウゴンセキショウを背景に、「点」の形で花が横に広がるビオラ、アイビーの大きめな葉の「面」を生かした3株で三拍子の代表的な寄せ植え。

長年、養生ポットで育てているオウゴンセキショウ。必要に応じて必要な大きさを株分けして寄せ植えに使う。

栽培のコツ

高温多湿には強いが、どちらかといえば半日陰が好き、水が好き。株分けで完全に根っこだけにして植え直したときは乾燥に注意。元気がないときは活性液入りの水分補給、日陰で復活する。

観賞期／周年　**場所**／秋～春はひなた～半日陰、夏は強い日差しを避ける　**水やり**／多め　**肥料**／普通

ガーベラをメインに手前にクローバー、その隙間に株分けしたオウゴンセキショウを根挿しした。水ぎれには注意して。

Leaf 6　**Ophiopogon japonicus**

日本の
グラウンドカバーの王者
リュウノヒゲ

　日本在来のグラウンドカバー植物として王者に君臨する（と私が勝手に思っている）常緑多年草のリュウノヒゲ。庭植えでも寄せ植えでも大活躍してくれます。「和風の植物」の先入観をもたれているせいなのか、イギリスの庭でのリュウノヒゲたちの活躍ぶりにくらべて、なぜか日本では地味な存在。ひなたでも日陰でもよく、暑さ寒さにも強いので、寄せ植えのわき役として心強い存在です。庭のグラウンドカバーとしてだけでなく、寄せ植えのアクセントとしても活躍させたい日本の在来自生種です。

白い葉色の美しい斑入りリュウノヒゲの「線」をアクセントにしたパステルカラーの寄せ植え。色調をそろえたパンジー、ガーデンシクラメン、ネメシア、アイビーで。

栽培のコツ

比較的に乾燥にも強いので、地植えなら放置。コンテナ栽培では他の植物の水やりのついでに。2～3年で株が混んできたら、春か秋に株分けを。水はけのよい土に肥料を適量施して植え直し。

観賞期／周年　場所／ひなた～日陰　水やり／普通　肥料／普通

イギリスの庭で見つけて衝撃を受けた、浅鉢を使ったコクリュウとエケベリアなど多肉植物との寄せ植え。

やはり、イギリスの庭で。庭のオーナーのウィットを感じるコクリュウの植え方。今にも動きだしそう。

Leaf 7 **Solenostemon scutellarioides**

夏を代表するカラーリーフ
コリウス

　夏のカラーリーフといえばコリウスです。高温多湿な日本の夏でも元気いっぱいにカラフルな葉を茂らせます。ただし、生長が速いので、放置しておくと、思った以上に場所を侵略することがあります。ときどきハサミを持って、伸びすぎた茎を1節でもカットすることで理想の大きさの草姿を維持できます。カットする（芯を摘む）ことで、わき芽をふやして、こんもりと、まとまりのよいカラフルな眺めをつくります。コリウスは、上に立ち上がるだけでなく、垂れ下がるタイプや、横に広がるなどの草姿もあり、バラエティー豊かです。自分が望む草姿の品種を選ぶこともポイントです。

横に広がるタイプの栄養系コリウス'小粋なサンディ'を中心に1株植え、その周囲にマリーゴールド、ケイトウ、アンゲロニア。花にぶつかる部分は枝葉をカットして管理を。

栽培のコツ
真夏に元気な植物だが水が好き。切った茎を水につけておくだけでも根を生やすほど生育旺盛。乾燥は苦手なので、コツは夏の栽培のためにも根をしっかり張れる大きめの植木鉢を選ぶこと。水やりを怠らないことと。

観賞期／春〜秋　場所／ひなた〜半日陰　水やり／多め　肥料／普通

リージェンツパーク（ロンドン）の夏を彩るコリウス。ひなたと日陰の両方に植わっている。丸葉で横に広がって生長するタイプは、庭の隙間を埋めるのに重宝。

大型の横張りタイプのコリウス'レッドヘッド'は、地面を覆い、夏の雑草よけにもなる。後ろの花はチトニア。（はままつフラワーパーク）

> Column **Single Species Planting**

1株を立派に育てる

　すてきな花！　かわいい花！　一目ぼれで買った花、いただいた珍しい花──。大切に育てるなら、1鉢に1株がベストです。お気に入りの、これぞと思う花は、その花だけの美を眺めたい。栽培環境も肥料も水やりも、その花だけに合わせ、1鉢の宝物として育てます。たまには、そのお宝鉢がいちばんすてきに見える場所に飾って、写真を撮りましょう！　一年草ならシーズンの最後まで、のびのびと育て、多年草や低木などは、根の張り方に気配りしつつ、ひとつの鉢で3〜5年ほどは植えっぱなしで。その後様子を見て植えかえに適した晩秋か早春に、鉢増しや株分けをします。

8年前に植えたヘレボラス。最初の年はパンジーなどが寄せ植えされていたが、今では立派な1株に。次の秋には、植えかえ予定。

東京郊外のベランダで３年目の春を迎えたプリムラ・ブルガリス。植木鉢だからこそ、風通しと水はけのよい環境で生き延びてきたが、そろそろ秋に、植えかえが必要。

> Column

Three or Four Plants in a Pot

作りやすい3ポット、4ポット

　今までに数えきれない寄せ植えを作ってきて思うことは、複雑な寄せ植えより、可能な限り植物の数を絞り込んでシンプルなほうが、お互いを引き立てあって玄関前やベランダに置いたとき、見栄えがする、ということ。作りやすいのは、3株か4株までの寄せ植えです。直径24cm程度の植木鉢に、立ち上がる、横に広がる、下に垂れる草花など3種類の植物を寄せ植えします。植木鉢の大きさ次第で、種類豊富に草花を寄せ植えするのは可能ですが、植物は3〜4株までに絞ったほうが、個々の植物の管理も注意が行き届いて育てやすいのです。

個人的に大好きなビオラ'花まつり'をメインに、左にヒューケラ、右にカルーナ。ビオラが終わったら、夏の花にチェンジして。

四角い植木鉢には、4等分に4株の苗が入ることから、立ち上がるカレックスとユーフォルビア、横に広がるビオラ、垂れ下がるリシマキアの4株で構成。

> Column **Propagation**

かわいい挿し芽、タネまき

　草花の栽培は本当に楽しいことです。芽が出た、つぼみがふくらんだ、その生長ぶりを眺めるだけで、心が満たされます。しかも、それを飾るように、眺めを楽しみながら育てれば、楽しさは2倍です。しかも、目が届くほどに栽培の成功率は上がります。水が足りない、太陽が強すぎ！　虫がついた！　など、眺める機会が多ければ多いほど、栽培のコツもわかってきます。挿し芽やタネまきは、キッチンの窓辺やベランダで始められる「小さなガーデニング」。コップの中で根が伸びてきたり、ポットから小さな芽が顔を出したときの、わくわく感をぜひ味わってください。

切り花の世界で使う、クリスタルアクセントと
呼ばれるウオータージェルを使って挿し芽を。
瓶の中でも茎が立つので眺めもよい。

タネまきは、ヒマワリやジニアなど夏に向かって元気に生長する、タネが大きめな一年草がおすすめ。ジフィーポットの栽培は、双葉が出てきたら、元気なほうを残して1株にし、根がこのまま鉢底穴から出てくるようになったらポットのまま地面やコンテナに植える。

剪定のためカットしたコリウスは水につけておくと根が出てくる。このまま明るい窓辺で水耕栽培もできるし、寄せ植えの隙間に植えることも可能。

| Column | **Gardening Tools**

花を育てる便利な道具

　イギリスに住んでいた約7年も含め、これまでの四半世紀には、ほぼ毎年のようにイギリスやヨーロッパのガーデンセンターやフラワーショウの会場などで、デザインのすてきなガーデニングツールをくまなく探してきました。ずいぶんいろいろと試してみましたが、私の結論は「道具は必ずしもおしゃれでなくていい」。とにかく、機能性がいちばん。使い心地がよく、使うたびに「やっぱりこれじゃなくちゃ！」と心に満足感を与えてくれる道具たちが、園芸を楽しくしてくれるのです。なので、ここでご紹介するのは、造園現場ではなく、四半世紀にわたる私のプライベイトガーデニングの必需品たちです。

左から）ブラシ先端がカーブして、狭い凹凸にはさまる土もかき出してくれるドイツ製のハンドブラシ。銅製のシャベルは、オーストリアの銅理論に基づいたPKS製。銅で根を切ると衝撃が少ないように感じる。その隣は同じ理由で根をくずすための手作り銅製ピン。フォークの形の根くずし道具、水はけ穴をあけるためのアイスピックなど。本来はカニを食べるときに使うスプーンも根くずしに便利。

こだわるのは、土と肥料と活性液

　花を育てるうえで最も重要といえるのが、花のすみかである培養土。今は市販のものに高品質なものがあるので、探して使用。土そのものに通気性があって水はけがよさそうかどうか目で見て感じてみて。肥料にはさまざまな種類があり、たくさんの花を短期間に咲かせる速効性のある「化成肥料」と、何年も時間をかけて育てていく宿根草や灌木類には、ゆっくりとした効きめの「有機質肥料」がよいので使い分けてみて。活性液は元気のための美容液のように使うことが多いのですが、発根促進などの効果があるので、おすすめです。

水は植物の根が吸う以外に蒸発もするので、高さ15cm以下の植木鉢なら直径の大きさにかかわらず、鉢底石を入れる必要はないと思う。トールポットや少し大型の鉢は、水はけ用の鉢底石は入れたほうが、排水性と通気性を保ち、植木鉢の排水口に土を詰まらせないためにも必要だ。みかんや椎茸の入っていたネットに鉢底石を入れて使うと、植えかえの際に培養土と鉢底石が混ざらないので再利用がしやすい。まとめて作っておくと便利だ。

Part 3

園芸——手作りをプラスして
広がる花の楽しみ

　園芸とは、自然の美を囲い込んで「園」、「芸」は芸術的に手技を加えるとの意、と勝手に解釈しています。花を眺め、手に触れて、庭や土の香りに触れて過ごすとき、疲れていた体や心が、いつの間にか癒やされている、ということはありませんか？日々は忙しく、やるべきことに追われるばかり。春が来て夏が終わり、もう初冬？と思う間に、また次の春が始まる……。またたく間に過ぎていってしまう時間を取り戻すことはできないけれど、「園芸」に費やした時間は、確かな記憶や形にして残せるように思います。過ぎていってしまう時間を、形にとどめてくれるハンドメイドは、そんな癒やされた時間の証しです。さらに、自分のためだけではなく、喜ぶ人の顔を思い浮かべながらの園芸が贈り物になったら、それこそ一石二鳥ではないでしょうか。

ローズマリーのスタンダード仕立て。足元にはタイムとセージ。本当はパセリを加えて、「Parsley, sage, rosemary and thyme, ……」とスカボローフェアの歌詞のようにしたかったのですが。題して、スカボローフェア・トピアリー。

トピアリーを作る

　和風の家なら、伝統的な盆栽仕立ての鉢植えが似合います。では洋風なら、どんな鉢植えの木が似合うでしょうか？
　答えはトピアリー！　最近は完成品を園芸店でも見かけますが、いっそ、自分で作ってみませんか？　トピアリー作りは、少しずつ目指す形に仕立てていくプロセスが楽しみです。まさに、時間の経過を味方につけるハンドメイド。コツは、トピアリーになりやすい樹形の苗を探すことから。いちばんシンプルなスタンダード仕立てなら、中心の茎が1本、まっすぐに天に向かって立ち上がる株を探して……。まずは、丈夫なローズマリーでお試しを！

トピアリーの作り方①
枝を刈り込む

挿し芽から徐々に育てたツゲ。ワイヤで作った丸い枠を当てて、飛び出した枝を徐々に切ってまんまるを目指している。

左はワイヤ製の丸いトピアリーの型にアイビーを絡めて丸くする。右は生長過程のオリーブのトピアリー。少しずつきれいな球形にしていくのがうれしい。

トピアリーの作り方②
ワイヤで枝を誘引する

 →

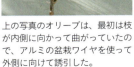

上の写真のオリーブは、最初は枝が内側に向かって曲がっていたので、アルミの盆栽ワイヤを使って外側に向けて誘引した。

気楽に長もちさせるには、ゼオライトなどの多孔質の細かい資材を敷いた中に配置(写真下2点)。水分の補給がしやすくなり、根の張りも順調に進む。

クッキー型で作る多肉植物

　強健な多肉植物のセダム、エケベリア類なら、伸びた穂をカットして、根のないまま「挿し穂」として土に挿すと、そこでまた根が生えてきます。その丈夫さに目をつけ、今は使わなくなったクッキー型を利用し「挿し穂」をしてみました。作り方はいろいろで、型を土に埋め、型の内側に「挿し穂」でもよいし、フラワーアレンジ用の吸水性スポンジを利用するのも超簡単！

　クッキー型には、動物や文字型もあり、お絵描きのような楽しさがあります。挿し穂をしてから半年ほどは姿を保ちますが、伸びて形が乱れてきたら同じように新たな挿し穂で整えたり、別の寄せ植えに植えつけて。「挿し穂」に適しているのは多肉植物の生長期、温暖な時期を選ぶと失敗しません。

ハガキに使う写真や、SNSなど、写真メッセージも簡単、このまま3カ月ほど型くずれなく飾れる。

用紙するもの

多肉植物の挿し穂
挿し芽・タネまき用の土
クマの形のクッキー型
厚さ3〜5mmの吸水性スポンジ（オアシスをスライス）
発根促進剤入りのスクィーズボトル
ピンセット
土入れ

多肉植物の「挿し穂」は、秋や春、温暖な時期を選ぶと失敗が少ない。挿し穂は茎を5mmほど残してカットし、2〜3日乾かしておけば、切り口が腐りにくい。容器が小さく乾燥が早いので、多肉植物の葉がしぼんできたら、水が足りないサイン。日当たりが悪いとだらしなく伸びてしまうので、最低でも午前中はひなたになる場所に飾って。根が張ってきたら縦に置くこともできる。

1 オアシスの上にクッキー型を押しつけ、型の形に切り抜く。

↓

2 1の切り抜いたオアシスをクッキー型にはめ込み、土を型の高さの半分くらいまで入れる。

↓

3 型の凹凸部分にもピンセットを使って土を入れ、表面を平らにならす。

4 最初にメインになる大きな多肉植物の挿し穂を配置する。

↓

5 細かい挿し穂を型の端（クマの手足部分）から埋めていく。

↓

6 挿し穂を埋め終えたら、発根促進剤入りの水を、土全体が湿る程度にスクィーズボトルなどで静かに与える。

貝など小さなスペースに植えつけるのに便利なのが、水で練ると固まる多肉植物用の用土、ネルソル（固まる土）。写真の巻き貝もすべてネルソルで植えつけた。

貝殻、卵の殻に多肉植物

　雑貨でもお菓子の容器でも、土の入るポケットがあり、多少なりとも根の張る余地があれば、それが多肉植物のすみかになります。丈夫なセダム、エケベリア類がおすすめです。卵の殻は、その大きさが小型のエケベリアの挿し穂をするのに向いていて、根が張りすぎると卵の殻が割れるので、それが植木鉢への植えかえのタイミング。また、子ども部屋の整理をしていて見つけた貝殻。とっさに、多肉植物を植えてみよう！とひらめきました。水やりをしてもすぐに乾燥するので、しょっちゅう目に入る場所に飾って水ぎれさせないことが、きれいに長生きさせるコツです。

口の細いスクィーズボトルが水やりに便利。

卵は自立せず転がってしまうので、まずは、卵パックに立てて作業開始。水はけ穴をアイスピックなどであけてから、先に挿し穂を入れ、その後、太めのストローなどを使って、殻の中に土を流し込むと安定する。

ウィリアム・モリスの金言「美しい家のインテリアは、庭の連なりになるよう」にならって、ロンドンの自宅庭の植物の押し葉と蜂のハンドプリント。これらは既製品の額を使用。

押し花のタブロー

　今から20年前、日本への帰国が決まり、ロンドンの自宅庭との別れが迫ったその年――私が初めて植えたアジサイが7年間で大きく育ち、その花の美しかったことを思い出します。株は持ち帰れないので、花をカットし乾燥剤入りの缶に入れ、帰国しました。それからさらに7年後。ようやく家が建ち、壁に飾る額が必要になってロンドンの庭の思い出を飾ることを思いつきました。それが、写真のアジサイの花の額入りのタブローです。額の素材も庭の木の木片や昔の家の床板の一部などで、大工さんにお願いして作っていただきました。昔の家や庭の思い出を、一枚の絵のように、額とセットで作るアイデアです。

「フローラ・メモラビリア」と題して作った庭や家の古材で作った額縁の数々。いろいろ作るうちに、押し葉を刺繍で留めつけることを思いついた。額に入れてしまえば永久封印。

シンプルな麦わら帽子にテイオウカイザイクとセンニチコウのドライフラワーをワイヤで留めただけ。ガーデナーならではのおしゃれ。

ドライフラワーで帽子飾り

　花にも個性があって、きれいなドライフラワーになる花と、そうでない花があります。また、花色が鮮やかに残る花と茶色くなる花があり、不思議に思いますが、庭で育てた中でもいちばん色もちよくおすすめなのが、テイオウカイザイク、別名ムギワラギクです。高温多湿に弱い面もあるので、暖地では、蒸れないように水はけのよい土と、風通し、日当たりのよい環境がマストです。春に苗を植えると、きれいな花がたくさん咲きます。咲き終わる直前よりも早めのタイミングで摘んでおくと、すてきなドライフラワーになります。文字どおり、ムギワラギクを麦わら帽子に飾るのが、とってもすてきです！

ドライにしやすい花3種をご紹介。上からセンニチコウ'ファイヤーワークス'は暑さと乾燥に強く暖地で北風の当たらない場所では冬越しをして多年草となる。風通しのよい場所で育てて。

テイオウカイザイク（別名ムギワラギク）は、多湿に弱く乾燥に強いわけでもないが、日当たりと風通しのよい場所で根を張れば、秋まで花が咲き花色も華やかな一年草。

スターチス（リモニウム）は温暖で乾燥ぎみの地中海沿岸地方原産の花。切り花として、昔からおなじみだが、暑さや寒さに強くないので日本での栽培は上級者向けといえる。

左／防虫剤はまめにスプレー。ハッカ油もブヨや目のまわりに飛んでうるさいコバエなどに効果があるよう。帽子のツバや顔まわりの布にも塗って。庭では蚊取り線香！ 市販の蚊取り線香の缶にオリジナルのカバーリングをしてお好みどおりに。

ガーデニング仕様の蚊取り線香＆日よけ

　私は、英国⇄日本での園芸作業を通じ、日本の温暖地には一年の中に2種類の気候があると捉えています。ひとつは本格的な秋が来て、11〜5月ごろまでの穏やかな気候。冬は雪が降るなど寒い日もありますが、晴れ間の多い日々が続きます。防寒着を着れば、穏やかに庭仕事が楽しめるので、秋〜春が英国風のガーデニングが楽しめる時期。一方、5月のバラが咲き終わった6〜10月ごろまでは、熱帯のような気候。暑い夏は、熱中症や虫刺されの心配もあるので、そんな熱帯の庭仕事はなるべく減らしつつ、あらゆる策を講じて、過酷な時期を楽しむようにしています。

ガーデナー向け虫よけ加工ＵＶマスク！ なるもの、日やけ止めも効かないような日差しの中で、このマスクがあると助かる。

左／ドライのラベンダーを蚊取り線香がわりのように燃やしても、いい香りが広がり、虫よけにも。右／海外のおみやげでいただいたつり下げ式の蚊取り線香！ 気分が上がる。

「はままつフラワーパーク」に届いた、国際宇宙ステーションに旅したタネから生まれた「宇宙スミレ」。花色とリボンとかごの色がマッチして、いただいた瞬間に、みんなで盛り上がった。手にするのは、理事長の塚本こなみさん。

ポット苗を
プレゼントに

　美しく育った苗、珍しい品種やおすすめの苗を、プレゼントにいただいたらうれしいものです。でも、贈り物はセンスが命。ポット苗をラッピングするひと手間で、贈られる側の喜びは倍増します。苗は、外に水がもれないように、耐水性のあるビニール袋などで包んだあと、紙や布でラッピングします。さらに、麻ひもやラフィア、リボンで仕上げると心がこもります。また、プレゼントを贈ると同時に、カードに育て方のポイントを書いたり、肥料をおまけにつけたりするのも気がきいています。そんなギフトをかわいいバスケットや紙袋にセットして、持ち運びもできるプレゼントにしたら完璧ですね！

園芸店で買ったポット苗を端切れやレースペーパーでラッピング。そのまま飾って小さな鉢カバーとしてしばらくは楽しめる。

缶の底には数カ所、必ず水抜き穴をあけておく。

同じ形の缶を並べてラベリング

　普通の空き缶の直径は約8cm。花苗は、9cmポットが多く、大きく根を張りたい株には不向きですが、多くの多肉植物は、ジャストサイズの空き缶栽培に向いています。でも、問題は缶のデザイン。おしゃれな外国製の缶などそのまま使えるものもありますが、サバ缶やペットフードの缶にひと手間加えて、包装紙や紙袋でカバーリングしませんか？　ついでに、品種名入りのラベルを貼ると見栄えがアップ。耐水スプレーを使えば紙でも長もちします。多肉植物は、軒下など雨の当たらない場所での栽培に適しているので、屋外でこのまま飾ることができます。また、植えつけから1年以上たって植えかえが必要になったときに、そのときの気分で着替えてもいいですね。

多肉植物は、生長がゆっくり。よほど大きく育てたい品種はともかく、多肉植物の栽培に空き缶はぴったりサイズ。使用した紙は、ラッピングペーパーや紙袋、雑誌やカタログのページ（特に表紙などの丈夫な紙）。

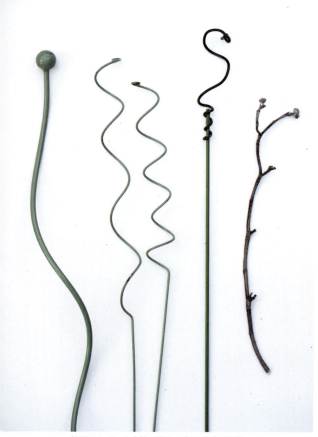

便利にしている支柱の数々。左の3本は自分でデザインしたもの。その隣は、植物を誘引しやすいように、既存の支柱の先にワイヤをつけたもの。庭の木の枝も支柱がわりに使える（右端）。

クレマチスなど、つる性植物も支柱に絡ませて。形状がスパイラルに渦巻いているので、結束しなくても植物が自然に支柱に絡みつきやすい。

意外に大切な支柱

　草花が育ってくると、花茎ごと倒れることがあります。花茎がいったん倒れると、自然に元に戻ることはなく、見苦しくなるのでほうってはおけません。最善策は、倒れる前の杖、ならぬ支柱ですが、倒れてからの支柱も、早いほど効果大！

　ただし、本来自然な草花には太すぎるプラスチックの支柱や、それをビニールひもで結束したのでは、花の眺めが台なしです。イギリスでよく見たのは、剪定枝を土に挿し、枝の自然な分岐部分を支えに、草花を支える方法。また、園芸店に行けば目立たない意匠の支柱が数々出回っていました。日本ではイメージに合うものがなかったので、今はオリジナル支柱の工夫をしています。

花の自重で倒れてしまったゼラニウム。こうなると株元で切り戻すべきだが、花の咲く間だけ、スパイラル支柱を入れた。高いところで花が咲く花は倒れることが多い。

ほとんどのヒヤシンスは頭でっかち。花が咲くと必ず倒れるので、春は手頃な木の枝を拾い集めておくとよい。「木の枝支柱」は見た目も自然。

アネモネの花は開花のピークが過ぎると必ず倒れる。倒れたらカットして部屋に飾るのもおすすめだが、まったく花のない景色になってしまう株なら支柱で支える。これでしばらく庭に花のある眺めが楽しめる。

イギリス製のバードフィーダー。灰色リスが入り込めないよう小鳥サイズのカゴになって。今は中に、ミカンやリンゴなど。

バードフィーダーを庭に

「すぐれたガーデナーは野鳥に思いをはせる」とは、19世紀イギリスの思想家であり、デザイナーのウィリアム・モリスの言葉です。イギリスでは「野鳥は、庭の害虫を盛大に捕食する」といわれ、庭に野鳥を呼ぶためのバードフィーダーが、多種多様に存在します。野鳥の餌やりだけでなく、庭の飾りとしても楽しめるデザインを見かけますが、バードフィーダーは、自分でも手軽に作れます。私の庭には、メジロ、シジュウカラ、ヒヨ、オナガなどが来ますが、今は、大型の野鳥が小型の野鳥の餌を横取りするのを防止する小型鳥用フィーダーを研究開発中。そうして楽しみつつも、庭に野鳥がたくさん来るようになって以来、気づいてみれば、サクラやサザンカのケムシが減ってきたように感じます。

小鳥だけが入れる大きさに手作りしたワイヤーバスケット型のフィーダーにはリンゴ。シャンデリアつき!

シジュウカラがいるのは、牛脂入りの空き缶。缶の底は穴をあけて雨がたまらないように。窓辺の花越しがバードウオッチングのカムフラージュ。

ウールのブランケットをマフラーサイズにカットして、簡単な花モチーフフェルト刺繍。

花を身にまとう――
花モチーフを
フェルト刺繍

　ウールフェルトは、色とりどりの原毛フェルトで、粘土のように好きな形が作れる手芸です。フェルトだけで仕上げた作品もありますが、私のフェルト刺繍は、手持ちのストールやセーターの上に、絵を描くようにフェルト用針を使ってチクチク刺す、数分で完成するお手軽な刺繍です。キラキラと輝くビーズも入れて、思いどおりの形を描くことができ、ニットはもちろん、目の粗い布素材にも模様を施すことができます。ニットの虫食いの補修や、無地のストールや毛糸の手袋への花柄入れも、簡単です。

オーガンジー生地をウールフェルトで縁処理したのち、花モチーフをチクチク。

毛糸の手袋なら、ごく簡単にフェルト刺繍ができる。針が裏に貫通しないよう、手袋の中に厚さ1cmほどの発泡スチロールを入れてチクチク。20分ほどで完成！

フェルト刺繍専用のブラシマットの上で羊毛をチクチク挿すだけ、始めるとおもしろくてやめられない手芸の楽しさがいっぱい。ビーズに細い羊毛を通してチクチクするとビーズ刺繍も簡単！

花柄は、夫が描いたボタニカル・イラストレーションがその原画。その中のひとつを選んでビーズ刺繍を。気分はオートクチュールのよう。

13年ほど前に手に入れたスウェーデンの老舗スヴェンスクテンのカーテン地、尊敬する建築家ヨセフ・フランクがデザインしたテキスタイルに、ビーズ刺繍をして廊下に飾った最初の作品。

花柄を
ビーズで飾る

　花の絵がプリントされた生地。私はそれを「布に描かれた絵画」と捉えています。花のプリント生地を木枠に張って壁に飾ったり、もちろん衣服、身にまとう花の絵もあります。布なので、花柄に針と糸でビーズ刺繍を施せばそれが半立体的なオブジェになります。家を建てたばかりのころ、白い壁に絵を飾りたくて、花柄布を張ったパネルにビーズ刺繍で「作品」をたくさん作りました。来客にも楽しんでいただき、長い年月がたちました。またあるとき、私がデザインした花絵プリントの服に、ご自分でビーズ刺繍を施した方に出会いました。それがハッとするほどチャーミング！　さっそくマネをしたのはいうまでもありません。

私が描いたヘレボラスの絵。さっそく自分の服を取り出しビーズ刺繍を。服だけでなく、布の手提げカバンやスカーフなどでもすてき。少し立体的になってキラキラするのがポイント。

Part 4

自分が育てた花を撮っておく
〜絵になる風景の つくり方

　庭の植えつけや寄せ植えを完成させたら、スマートフォンやデジタルカメラですぐに写真を撮って確認します。記録のためではなく、客観的に庭や寄せ植えを見るためです。目の前の世界を客観的に見ているつもりでも、自分の視点はやはり主観的で、写真はそんな客観視の道具です。植えた花の位置の違和感にも、写真から気づくことが多いのです。デジタル時代ならではのメリットですね。

　「大切なのは、庭を毎日観察することよ」とは、英国を代表する園芸家、生前のローズマリー・ヴェレーさんが20年以上前に語った言葉です。まさに庭は、見ないと始まらない。植物の乾燥や用土の過湿、病害虫の発見も見ないことには気づかないし、発見できません！　とはいえ、庭は見る回数が多いほどに、美しい瞬間も、たくさん見つけることができるのです。その際、なにはなくとも、カメラと花がら摘みのハサミが必携です。

庭に絵になる壁をつくる

美しく花が咲いた。多肉植物が色づいた。花の色や、枝葉の形が本当に魅力的──そう気づいたら、ぜひ写真撮影を！　でも、撮った写真を見てみると、日常、当たり前に存在するさまざまなものが映り込んで、なかなかよい雰囲気の写真が撮れないこと、ありませんか？　たいてい原因はその背景。すべての眺めは「レイアー（重なり）」の影響を受け、写真になってみると、自分の意識が見ているよりもいろいろなものが写り込んでいます。隣の家とか塀とか、枝ぶりがイマイチな木とか。だからこそ、絵になる背景としての「壁」の確保が必要です。それは、庭の物置小屋の壁でもよく、無地のキャンバスのような空間が必要なのだとイメージをもつところから、絵になる庭づくりはスタートします。

「この空間に必要なのは？」「はままつフラワーパーク」の温室で花の装飾イベントをすることになった際、真っ先に考案したのが、このビスケット・パターンと名づけた背景だった。金屏風の前に花嫁が立ち写真を撮るように、景色には主人公の引き立て役のバックドロップが必要だ。

バロック風のタブローパネルを設計、スタッフが作った渾身の多肉植物のリースを展示。
多くの方々が立ち止まり写真を撮る場所になった。「はままつフラワーパーク」にて。

物置の壁も雨どいもペイントすることで、絵になる壁になった。つるバラの仕立てや花の
咲くコンテナ、ジョウロもずっと写真映えする。イギリスの個人宅の庭にて。

最初につくるなら、白壁

　私が庭のデザインをするとき、最初に検討するのが背景です。植物選びは、ほぼ最後の仕事。まずは、植物たちが美しく見える舞台を用意するのが先決です。隣の建物や構造物、すでに植わっている植物たちと共存しながら、庭の植物たちをすっきりと見せるために壁をつくります。いちばん手っ取り早いのが白壁で、既存の壁を塗り替える場合もあれば、壁パネルを立てる場合もあります。白なら光を反射し、日陰でも明るくなり、花数をふやす光合成の助けにもなります。ただし、暖地の日当たりのよい場所に白壁を立てるときは、気温の低い時期から植物を環境に慣らしたり、耐光性の強い植物を選ばないと、夏に葉やけを起こすことがあるのでご注意を。

繊細で複雑なシルエットの草花は、ともすると、ごちゃごちゃと煩雑に見えるが、白い背景の前ではすっきりと、1輪ずつが魅力的に見える。「はままつフラワーパーク」にて。

黒っぽい花が魅力のスカビオサは、濃い緑の草花の背景では景色に埋もれてしまうが、白い壁だからこそ小花や暗い色の花が映える。ピンクの花はセンニチコウ。

朝夕の光線の具合や、季節の移り変わりでドラマティックに変わる光と影を、最も見つけやすいのも、白い壁ならでは。草花の形が際立って見える。

わが家の北の庭。古く汚れたブロック塀を白ペンキで塗ってみたところ、アジサイの花つきがぐんとよくなった。白い壁の反射光で光合成が改善した証し。

写真映えする壁の色

　植物の光合成を優先し、花数を少しでもふやしたいと考えるなら、壁の色は、白やパステルカラーなど、明度の高い、明るい色を選ぶのがベターです。しかし、逆に壁と似たような明るい色の花や白花は、背景に溶け込んでしまい見映えがしません。白や黄色など明るい色の花や葉は、花より暗めの背景を選ぶことで、引き立ちます。少し遠くから離れて眺めてみれば一目瞭然。なので、比較的に明るい場所や、開けた（周囲に高い建物がなく空が広く光が入りやすい）場所では、黒や茶系などダークカラーの背景がおすすめです。背景の色に引き立つ花色を選ぶだけで、庭の景色も咲いた花も美しく映えることは間違いありません。

南向きで日当たりのよい壁を黒にした。黄色や白など明るい色の植物が映える。風の通り道を確保したので熱がこもることはない。

鉄さび色の背景ができたので、ここには白いヘレボラスを植えた。株元には白斑入りのリュウノヒゲ。シンプルなコントラストでも写真を撮る人が多かった。

A1サイズのパネルを水色にペイント。そこにパステルカラーのペンタス、アゲラタム、クロサンドラの寄せ植えを飾ると写真映え！

白っぽい花も紫色のような暗い花も、中間色の壁なら見映えする。外装用ジョリパットで塗装。福島の「野の花ガーデン」にて。

ダイアンサス・クルエンタス越しの構図。いま、新・宿根草ムーブメントの庭として注目されている、北イギリスにある「ダブ・コテージ」は、緯度が高いので光線が青みを帯びている。よって、雨空の下でも青っぽい花色が輝いて見える。

「絵になる風景」を写真で切り取る構図と色を選んで

「はままつフラワーパーク」の4月下旬。フジの満開のあとも宿根草は6月上旬まで見ごろが続く。このボーダーガーデンは、長さが合計150mあり、さまざまなアングルを探すだけでも1日がかり。

「星の王子さまミュージアム 箱根サン＝テグジュペリ」の6月中旬。バラのアーチは早咲きのつるバラ、'スパニッシュ ビューティー'。アングルは、左右対称のコンポジションがお約束。

北海道の「銀河庭園」の10月はダリア。夕日色のダリアに秋の夕日のベールがかかる。その瞬間が、マジカルカラーの撮影タイム。手前のダリアにピントを合わせたアングルで。

　明日は散るかもしれないはかない花、それが今や、カメラを構えなくても手軽にスマートフォンで残せるようになりました。ただし、同じ花や庭を撮るなら、美しいほうがいいに決まってます。そこで、イギリス屈指のガーデンフォトグラファー、クライブ・ニコルス氏に、花の撮影の極意を伺ったときのことを思い出しました。

　「いちばん重要なのがコンポジション（構図）」、だそう。景色を四角い枠にはめて、最高の構図を見つけること。クライブは、カメラのファインダーをのぞいたとき、構図が第六感に響かなければ、シャッターは押さないとか。「写真はね、被写体のイメージをどのように構図化するかが重要なんだよ」。――なるほど、写真では「アングル」という言葉も耳にしますが、アングルは「観点」という意味にも使われます。どういう観点で花や庭を見るのかがポイントです。また、同時に花は「色」も魅力の対象です。　色は、光なくして見えません。写真を撮ってみると、花が実物とは違った色に写ることがありますが、どうしたら最高の光を写真に反映できるか――。雨や曇り空なら光は一定ですが、晴天では、ひなたか日陰かでまったく違います。美しい光を探すなら、天候と時間帯を選ぶのが早道。ベストは、晴天日の早朝か夕方。太陽光線が頭上高く上がっているお昼前後は、光線が強すぎて難しい。花だけでなく人の顔も、直射日光下では、目のクマや小ジワまで細かく照らし出されるのに対し、朝日や夕日の光や反射光（リフレクションライト）なら、顔の凹凸を和らげてくれます。写真は、肉眼以上に被写体を美しく撮ることもできるのです。花も人も美しくとどめられる、美しい光を探して、思い出に残る写真を撮りたいですね。写真は、そんな花を見つめる「観点」をも鍛えてくれるように思います。できれば、ご自分の最高の笑顔もいっしょに！

吉谷桂子
Keiko Yoshiya

英国園芸研究家、ガーデンデザイナー。東京都生まれ。商業デザイナー、広告美術ディレクターを経て、1992年渡英。約7年間の英国滞在経験を生かしたガーデンライフを提案。帰国後、ガーデンデザイナーとしてテレビや雑誌、講演会、ガーデニングショーと幅広く活躍。銀河庭園、星の王子さまミュージアム 箱根サン＝テグジュペリ、はままつフラワーパークなどのガーデンデザインのほか、著書に『庭の色』、『暮らしの寄せ植え』（ともに主婦の友社）ほか多数。

撮影協力
銀河庭園
北海道恵庭市牧場 277-4

野の花ガーデン fukushima（仲田種苗園）
福島県石川郡石川町中野寺内 15-5

（公財）浜松市花みどり復興財団 はままつフラワーパーク
静岡県浜松市西区舘山寺町 195

星の王子さまミュージアム 箱根サン＝テグジュペリ
神奈川県足柄下郡箱根町仙石原 909

Whichford Pottery
Whichford , Nr.Shipston-on-Stour , Warwickshire,CV36 5PG England

Special Thanks
Jim Keeling ／ 白井法子 ／ 渡部京子

Staff
Photography
吉谷桂子、川部米応、黒澤俊宏（主婦の友社）、藤田郁実

Illustration
吉谷桂子

Design
若井裕美

Proofreading
大塚美紀（聚珍社）

Editing
平井麻理（主婦の友社）

★本書は、『園芸ガイド』の掲載写真に最新写真を加えて編集したものです。

花の楽しみ 育て方飾り方

2018年6月20日 第1刷発行

著者　吉谷桂子
発行者　矢﨑謙三
発行所　株式会社主婦の友社
　　　　〒101-8911
　　　　東京都千代田区神田駿河台 2-9
　　　　電話 03-5280-7537（編集）
　　　　　　 03-5280-7551（販売）
印刷所　大日本印刷株式会社
Ⓒ Keiko Yoshiya　2018　Printed in Japan

ISBN978-4-07-431250-4

Ⓡ〈日本複製権センター委託出版物〉
本書を無断で複写複製（電子化を含む）することは、著作権法上の例外を除き、禁じられています。本書をコピーされる場合は、事前に公益社団法人日本複製権センター（JRRC）の許諾を受けてください。
また本書を代行業者等の第三者に依頼してスキャンやデジタル化することは、たとえ個人や家庭内での利用であっても一切認められておりません。
JRRC〈http://www.jrrc.or.jp
eメール：jrrc_info@jrrc.or.jp
電話：03-3401-2382〉

■本書の内容に関するお問い合わせ、また、印刷・製本など製造上の不良がございましたら、主婦の友社（電話 03-5280-7537）にご連絡ください。
■主婦の友社が発行する書籍・ムックのご注文は、お近くの書店か主婦の友社コールセンター（電話 0120-916-892）まで。
＊お問い合わせ受付時間
　月〜金（祝日を除く）9:30〜17:30
主婦の友社ホームページ
http://www.shufunotomo.co.jp/